사랑과 희망으로
내 아픔을 안아주신
신부님

사랑과 희망으로
내 아픔을 안아주신 신부님

발　행 | 2025년 10월 30일
저　자 | 한민준
펴낸이 | 전영식
펴낸곳 | (주)에듀포털
출판사등록 | 2018.07.17.(제2018-89호)
주　소 | 서울특별시 영등포구 선유로13길 25,에이스하이테크시티2차 510-1호
이메일 | jeon@eduportal.kr

ISBN | 979-11-995289-6-3

한민준 2025
본 책은 저작자의 지적 재산으로서 무단 전재와 복제를 금합니다.

사랑과 희망으로
내 아픔을
안아주신 신부님

한민준

에듀포털

CONTENT

1. 사랑 할머니의 고단한 삶
2. 절망 속 한 줄기 빛, 만남의 시작
3. 프란치스코 신부님의 온기
4. 신부님의 변함없는 보살핌
5. 소외된 이들을 위한 '나눔의 집'
6. '나눔의 집'에서 다시 찾은 온기
7. 아픔을 나누고 치유받는 시간
8. 절망에서 피어나는 할머니의 변화
9. 진정한 사랑의 메시지

1. 사랑 할머니의 고단한 삶

낡은 반지하, 고립된 일상

도시의 외곽, 해묵은 빌라들이 빽빽이 들어선 언덕배기에 사랑 할머니의 삶은 말 그대로 '갇혀' 있었습니다. 한낮에도 햇볕 한 줄기 제대로 들지 않는, 곰팡이 냄새가 희미하게 코끝을 스치는 낡은 반지하 방. 이곳은 할머니에게 세상과의 유일한 접점이었지만, 동시에 그녀를 옥죄는 견고한 감옥과도 같았습니다. 창문은 겨우 사람의 발목 높이에 걸려 있어, 바깥세상은 늘 오가는 사람들의 신발 끄트머리나 먼지 섞인 아스팔트의 일부만을 겨우 허락할 뿐이었죠. 창틀에 낀 뿌연 먼지와 습기로 얼룩진 유리창은 바깥의 밝은 빛마저도 흐릿한 회색빛으로 바꿔버려, 마치 할머니의 시선처럼 모든 것을 희미하고 불확실하게 만들었습니다.

방 안의 공기는 언제나 무겁고 차가웠습니다. 한겨울에는 보일러를 아무리 틀어도 뼛속까지 스며드는 냉기를 온전히 막아낼 수 없었고, 여름에는 축축한 습기가 온몸을 감싸며 마치 늪에라도 빠진 듯한 답답함을 안겨주었습니다. 벽지 곳곳에는 습기로 인한 검붉은 반점들이 꽃처럼 피어났다가 이내 흉터처럼 굳어졌고, 가구들 또한 오랜 세월의 흔적과 습기에 절어 퀴퀴한 냄새를 풍겼습니다. 이 냄새는 할머니의 낡은 옷가지에까지 배어들어, 마치 그 냄새 자체가 할머니의 존재감을 대변하는 듯했습니다. 방 한구석에는 그녀의 유일한 발이 되어주는 낡고 빛바랜 수동 휠체어가 묵묵히 자리를 지키고 있었습니다. 휠체어의 삐걱거리는 소리는 할머니가 움직일 때마다 고요한 방 안에 유일하게 울려 퍼지는 소음이었고, 그 소음마저도 가끔은 할머니의 굳어진 마음에 비수처럼 박히곤 했습니다.

사랑 할머니의 하루는 해가 떠오르는 것을 알 수 없는 어둠 속에서 시작되었습니다. 눈을 떠도 방 안은 여전히 어둑했고, 바깥에서 들려오는 희미한 자동차 소리나 사람들의 발소리로 대강 시간을 짐작할 뿐이었죠. 잠에서 깨어나는 순간부터 할머니의 몸은 뻣뻣하게 굳어 있었습니다. 젊은 스물넷에 당한 불의의 사고는 그녀의 하반신을 마비시켰고, 이후의 삶은 온전히 이 휠체어와 침대 위에서만 존재했습니다. 휠체어로 옮겨 앉는 것조차 온몸의 근육을 쥐어짜야 하는 고된 노동이었습니다. 천천히, 그리고 조심스럽게 몸을 움직여 아침 식사를 준비했습니다. 밥통에 미리 해둔 밥과 김치, 그리고 남은 반찬 몇 가지가 전부인 단출한 식사. 식사 시간 내내 방 안은 쥐 죽은 듯 고요했습니다. 대화를 나눌 사람도, 함께 식탁에 앉을 가족도 없는 그녀의 식사는 그저 살아남기 위한 의무감에 불과했습니다.

　식사를 마친 후의 시간은 더욱 길고 막막하게 느껴졌습니다. 할머니는 휠체어를 조심스럽게 움직여 작은 거실 겸 방을 오가곤 했습니다. 텔레비전은 먼지 앉은 채 놓여 있었지만, 특별히 볼 프로그램도, 굳이 외부 소식에 귀 기울일 필요도 느끼지 못했습니다. 그녀에게 세상은 더 이상 관심의 대상이 아니었습니다. 사회와 단절된 채, 뉴스조차 남의 이야기처럼 멀게 느껴졌습니다. 대신 할머니는 손이 닳도록 만진 낡은 책들을 먼지 쌓인 선반에서 꺼내 들곤 했습니다. 활자들은 더 이상 생생한 이야기로 다가오지 않았고, 그저 익숙한 형태의 그림처럼 눈에 들어올 뿐이었습니다. 책장을 넘기는 소리만이 고요한 방 안에서 유일한 규칙적인 소음을 만들어냈습니다. 때로는 고개를 돌려 유일하지 바깥 풍경을 볼 수 있는 창문으로 시선을 옮겼습니다. 발끝 높이에서 보이는 지나가는 사람들의 신발과 그림자. 그들은 모두 바쁘게 움직였고, 웃고 떠들었고, 각자의 목적지를 향해 나아갔습니다. 그 모습은 할머니에게 끝없는 외로움과 고립감을 안겨주었습니다. 자신은 결코 저들처럼 자유롭게 세상 속으로 걸어 들어갈 수 없다는 현실이, 매 순간 그녀의 가슴을 저미었습니다.

시간은 모래알처럼 흘러갔습니다. 낮과 밤의 경계는 희미해졌고, 요일의 의미는 퇴색되었습니다. 오늘이 어제 같고, 내일 또한 오늘과 다를 바 없는 무한 반복의 연속. 계절의 변화조차 창문 밖으로 불어오는 미미한 바람결이나, 희미하게 스며드는 햇살의 각도로 어렴풋이 짐작할 뿐이었습니다. 바깥 세상이 여름의 싱그러움으로 가득할 때도, 할머니의 방은 축축한 지하의 습기로 얼룩져 있었고, 겨울의 하얀 눈이 세상을 덮을 때도, 그녀의 방은 여전히 차갑고 어두웠습니다. 그녀의 삶은 마치 거대한 정지된 화면 같았습니다. 과거의 아픔과 현재의 고통, 그리고 불확실한 미래가 뒤섞여 만들어진 잿빛의 풍경 속에서, 할머니는 숨 쉬는 것조차 버거운 듯한 고단함을 견뎌내고 있었습니다. 몸의 고통은 둘째치고, 매일매일 찾아오는 이 견고한 고립감과 싸우는 것이야말로 그녀의 삶을 지탱하는 가장 큰 짐이었습니다. 삶은 그녀에게 고통 그 자체였고, 살아있다는 감각은 마치 늪 속으로 점점 더 깊이 가라앉는 듯한 무력감과 한없이 외로운 공허함으로 채워져 있었습니다.

젊은 시절 불운과 가족의 외면

사랑 할머니의 삶은 처음부터 이렇게 잿빛으로 물든 것은 아니었습니다. 그녀의 젊은 시절은 이름처럼 '사랑'으로 가득 차 있었습니다. 호탕한 웃음소리가 주변을 유쾌하게 만들었고, 두 눈에는 늘 생기와 열정이 넘쳤습니다. 결혼 후 사랑스러운 자식들을 낳고 키우는 평범하지만 행복한 일상 속에서, 할머니는 누구보다 밝고 희망찬 미래를 꿈꾸었습니다. 어린 자식들의 재롱에 지친 줄 모르고, 남편과 소박한 꿈을 이야기하며 잔잔한 행복을 쌓아가던 그 시절은 그녀에게 더없이 소중한 시간이었습니다. 그녀는 언제나 삶에 대한 긍정적인 에너지가 넘치는, 마을 사람들도 부러워하던 활기찬 여인이었습니다.

그러나 스물넷, 한창 젊은 나이에 청천벽력 같은 비극이 찾아왔습니다. 평범한 어느 날, 갑작스러운 교통사고는 그녀의 삶을 송두리째 뒤흔들어 놓았습니다. 사고의 충격과 고통은 상상조차 할 수 없을 만큼 엄청났습니다. 길고 고통스러운 수술 끝에 그녀에게 남은 것은, 차가운 '하반신 마비'라는 잔인한 진단이었습니다. 온몸의 신경이 끊어진 듯한 상실감, 두 다리에 더 이상 힘이 들어가지 않는다는 현실은 그녀의 세상이 한순간에 무너져 내리는 듯한 절망을 안겨주었습니다. 병원 침대에 누워 천장만 바라보는 시간은 끝없이 이어졌고, 자유롭게 움직일 수 있었던 지난 날들이 꿈처럼 아득하게 느껴졌습니다. 사고가 있기 전의 사랑 할머니는 영원히 과거에 묻힌 존재가 되어버렸습니다.

  처음에는 가족들도 충격과 슬픔에 잠겼습니다. 남편은 아내의 곁을 지키며 밤새 병실을 서성였고, 어린 자식들은 엄마의 침대 옆에서 훌쩍거렸습니다. 그러나 시간이 흐르고, 할머니의 몸 상태가 영구적인 장애로 굳어지면서, 가족들의 반응은 서서히 변하기 시작했습니다. 처음의 애잔함과 동정심은 점차 돌봄에 대한 피로감과 현실적인 부담감으로 바뀌었습니다. 불편한 몸으로 인한 예민함, 예측할 수 없는 상황들, 그리고 무엇보다 가장이라는 남편이 짊어져야 할 경제적 부담과 주변의 동정 어린 시선은 그들을 지치게 했습니다. 남편의 얼굴에는 깊은 한숨이 늘었고, 자식들은 엄마의 휠체어와 싸늘해진 분위기 앞에서 점차 침묵하고 멀어지는 법을 배우게 되었습니다.

사랑 할머니는 가족의 싸늘한 시선 변화를 고스란히 느꼈습니다. 말 한마디, 행동 하나에도 불편함과 짜증이 묻어나는 남편의 모습에서, 그녀는 자신이 더 이상 사랑받는 아내가 아닌 '짐'이 되었다는 냉혹한 현실을 깨달았습니다. 그녀를 향한 남편의 사랑은 마치 시들어가던 꽃처럼 서서히 말라갔습니다. 언젠가 남편은 작은 말다툼 끝에

"당신 때문에 내 인생이 망가졌어!"

라고 절규하듯 내뱉었고, 그 말은 할머니의 가슴에 잊을 수 없는 칼날처럼 박혔습니다. 그 후로도 남편은 할머니와의 갈등을 피하고 술로 시간을 보내는 일이 잦아졌습니다. 결국, 어느 날 남편은 짐을 챙겨 말없이 집을 떠났습니다. 작은 쪽지 한 장 남기지 않고, 마치 아무것도 아니라는 듯, 그녀의 삶에서 홀연히 사라져 버렸습니다. 사랑 할머니는 세상이 무너지는 듯한 충격과 배신감에 몸부림쳤습니다.

남편의 부재는 가족 해체의 신호탄이었습니다. 어린 자식들 역시 엄마의 고통을 함께 나누기보다는, 자신의 삶을 찾아가는 길을 택했습니다. 가끔 찾아와 형식적인 안부를 묻거나, 명절에 잠시 얼굴을 비추는 것이 전부였습니다. 점차 연

락의 빈도는 줄어들었고, 마침내 그들의 흔적은 할머니의 기억 속에서만 남아있을 뿐이었습니다. 아들이나 딸에게 작은 도움이라도 요청할라치면, 그들의 목소리에는 부담스러움과 귀찮음이 역력했습니다.

"엄마, 저도 바빠요."

"제가 요즘 얼마나 힘든데요."

이런 말들은 할머니의 마음을 갈기갈기 찢어놓았습니다. 그들이 자신을 외면하는 이유는 분명했습니다. 더 이상 자신은 그들의 삶에 도움이 되지 않는, 오히려 짐이 되는 존재라는 것을 할머니는 처절하게 깨달았습니다. 사랑으로 맺어졌던 가족이라는 울타리는 산산이 부서졌고, 그 자리에 남은 것은 한없이 차가운 고독이었습니다.

결국 사랑 할머니는 세상으로부터 완벽하게 고립되었습니다. 젊은 시절의 불운한 사고는 육체적 장애를 안겨주었을 뿐 아니라, 사랑했던 가족들로부터의 외면과 배신이라는 깊은 마음의 상처를 남겼습니다. 그 상처는 시간이 흘러도 아물지 않고 그녀의 영혼을 갉아먹었습니다. 그녀는 자신이 버려진 존재이며, 아무도 자신을 사랑하거나 필요로 하지 않는다고 믿게 되었습니다. 이러한 깊은 불신과 자괴감은 그녀를 차가운 반지하 방에 스스로 가두는 결과를 초래했습니다. 사회와의 단절, 인간관계에 대한 깊은 회의감은 그녀의 삶을 고통과 체념으로 가득 채웠습니다. 그녀의 눈빛에는 과거의 상처가 드리워져 있었고, 표정에서는 웃음이 사라진 지 오래였습니다. 살아있는 매 순간이, 불행했던 과거를 끊임없이 되새김질하는 듯한 고통의 연속이었습니다.

고통과 체념으로 굳어진 마음

　사랑 할머니의 마음은 육신의 마비보다도 더 깊은 곳에서부터 서서히 굳어져 갔습니다. 젊은 시절의 불운한 사고가 몸의 자유를 앗아갔다면, 사랑하는 가족들의 싸늘한 외면은 그녀의 영혼을 황량한 벌판처럼 메마르게 했습니다. 처음에는 격렬한 슬픔과 분노, 그리고 '왜 하필 나에게 이런 일이...' 하는 끝없는 자책감에 시달렸습니다. 밤마다 눈물로 베개를 적시며, 부서진 행복을 되돌릴 수 있기를 처절하게 기도했죠. 그러나 남편의 떠남과 자식들의 무관심이 현실이 되면서, 그 절규는 차가운 체념으로 변질되었습니다. 더 이상 눈물조차 흐르지 않는, 무감각의 상태. 그녀의 마음은 마치 오랜 시간 동안 바닷속에 가라앉아 표면이 단단하게 굳어버린 바위처럼 변했습니다.

그녀의 내면에는 뿌리 깊은 불신이 자리 잡았습니다. 세상의 모든 친절은 가장하고 다가오는 위선처럼 느껴졌고, 사람들의 시선은 언제나 동정 아니면 경멸로 비쳤습니다. 특히 자신에게서 등을 돌린 가족들에 대한 쓰디쓴 배신감은 할머니를 더욱 고립시켰습니다. '내가 휠체어에 앉지 않았다면…' 하는 후회가 늘 그녀의 발목을 잡았고, 스스로가 불행의 원인이라는 죄책감은 그녀의 자존감을 바닥까지 끌어내렸습니다. 그녀는 자신을 버린 가족들을 용서할 수 없었지만, 동시에 자신이 그들에게 짐이 되었다는 사실에 스스로를 용서할 수 없었습니다. 이러한 복합적인 감정은 마치 독버섯처럼 할머니의 마음을 조금씩 좀먹어 갔고, 결국 그녀는 삶의 모든 의미와 가치를 상실했습니다. '희망'이라는 단어는 더 이상 그녀의 사전에는 존재하지 않는 낯선 외래어처럼 느껴졌죠.

고통과 체념은 사랑 할머니의 일상에 그림자처럼 드리워졌습니다. 하루를 시작하는 동기조차 희미해졌고, 단조로운 일과는 그저 살기 위한 기계적인 행위에 불과했습니다. 식사는 생명 유지를 위한 의무였고, 잠은 또 다른 무의미한 날을 맞이하기 위한 준비 과정일 뿐이었습니다. 그녀의 작은 방은 단순한 주거 공간이 아닌, 외부로부터 스스로를 차단하는 견고한 방어막이 되었습니다. 사람들과의 대화는 끊어진 지 오래였고, 세상의 소식에도 완전히 무감각해졌습니다. 창밖으로 들려오는 활기찬 아이들의 웃음소리, 이웃들의 정겨운 말소리조차 그녀에게는 너무 멀고 이질적인 소음일 뿐이었습니다. 세상이 행복해 보일수록, 그녀의 마음은 더욱 깊은 외로움 속으로 침잠해 들어갔습니다.

오랜 시간 동안 웃음과 눈물을 잃은 그녀의 얼굴에는 깊은 주름과 함께 무표정이 박혔습니다. 거울에 비친 자신의 모습은 마치 낯선 타인의 얼굴 같았습니다. 과거의 활기 넘치던 '사랑'은 온데간데없고, 병들고 늙어버린 초췌한 그림자만이 그녀를 따라다녔습니다. 육체의 자유뿐 아니라, 감정의 자유마저 박탈당한 듯했습니다. 기쁨, 슬픔, 분노, 행복... 이 모든 감정의 스펙트럼은 한 점의 잿빛으로 수렴되었습니다. 마치 죽은 듯이, 혹은 이미 죽은 것과 다름없이 존재할 뿐이었습니다.

삶의 의미를 찾을 수 없으니, 미래에 대한 계획이나 기대는 애초에 존재하지 않았습니다. 내일은 오늘의 반복일 뿐이었고, 그저 또 다른 하루가 오지 않기를 바랄 뿐이었습니다. 죽음조차 두려워하지 않는, 아니 오히려 평화로운 도피처로 여기는 지경에 이르렀습니다. 그녀의 삶은 앙상한 가지만 남은 겨울나무와 같았습니다. 푸르던 잎은 다 떨어지고, 생기는 사라진 채 차가운 바람에 묵묵히 서 있을 뿐. 누군가 따뜻한 손길을 내밀어도 이미 굳어버린 그녀의 마음은 그 손길을 알아채지 못했고, 설령 알아챘다 해도 그 온기를 받아들일 여유조차 없었습니다. 마치 스스로를 차가운 얼음 속에 가두고, 세상과의 모든 교감을 거부하는 듯했습니다.

이런 삶 속에서 사랑 할머니는 자신이 더 이상 이 세상에 존재할 가치가 없다고 생각했습니다. 누군가에게 도움을 요청하는 것조차 불편함을 끼치는 일이라 여기며 스스로를 더욱 고립시켰습니다. 자그마한 침대와 휠체어, 그리고 낡은 책 몇 권이 전부인 그녀의 세계는 점점 더 축소되어 갔습니다. 끝없는 절망과 고독 속에서, 그녀는 마치 어두운 터널의 끝에서조차 빛을 찾을 수 없는 듯한 막다른 길에 다다른 듯했습니다. 그녀의 존재는 세상에서 지워진 듯 보였고, 그녀 자신조차 자신의 존재를 끊임없이 의심하며 살아가고 있었습니다. 살아있는 매 순간이, 불행했던 과거를 끊임없이 되새김질하는 고통의 연속이었고, 이 체념의 무게는 그녀의 영혼을 한없이 짓눌렀습니다.

2. 절망 속 한 줄기 빛, 만남의 시작

유일한 발, 휠체어의 고장

사랑 할머니의 일상은 거대한 바퀴에 갇힌 듯, 고요하지만 쉼 없이 반복되는 굴레였습니다. 잠에서 깨어나 굳은 몸을 억지로 일으키고, 삐걱거리는 휠체어에 몸을 싣는 일은 매일 아침의 전쟁과도 같았습니다. 아침을 먹고, 약을 챙겨 먹고, 낡은 책들을 먼지 쌓인 선반에서 꺼내 만지작거리는 것. 이 모든 행동의 중심에는 늘 그녀의 낡고 빛바랜 수동 휠체어가 있었습니다. 방 안에서 화장실로, 부엌으로, 혹은 창밖을 겨우 내다볼 수 있는 작은 창문 앞으로 이동할 때마다 휠체어는 할머니의 유일한 '발'이 되어주었습니다. 그것은 단순한 이동 수단이 아니라, 그녀의 작은 세상 안에서나마 최소한의 자유와 독립을 지탱해주는 생명줄과도 같았습니다.

그날은 유난히 습하고 비가 추적추적 내리던 오후였습니다. 창밖으로는 회색빛 하늘 아래 도시의 소음이 빗소리에 섞여 희미하게 들려왔습니다. 할머니는 그날따라 뜨끈한 국물이 먹고 싶어 오랜만에 부엌으로 향하고 있었습니다. 낡은 휠체어의 바퀴가 축축한 반지하 방바닥을 구르며 익숙한 삐걱거리는 소리를 냈습니다. 한 걸음, 한 걸음, 천천히 앞으로 나아가던 휠체어가 부엌 문턱을 넘으려는 순간이었습니다.

'크드득... 즈즈즈... 쨍그랑!'

갑자기 끔찍한 쇳소리가 나더니, 오른쪽 뒷바퀴가 마치 뼈가 부러지는 듯한 소리와 함께 축에서 완전히 이탈해 바닥으로 고꾸라졌습니다. 휠체어는 기울어지며 한쪽으로 심하게 쏠렸고, 할머니는 중심을 잃을 뻔했습니다. 간신히 손으로 벽을 짚어 넘어지지 않았지만, 심장은 쿵 소리를 내며 바닥으로 떨어진 듯했습니다. 믿을 수 없다는 듯 바퀴를 바라봤습니다. 축에서 완전히 빠져나와 굴러다니는 바퀴, 그리고 속절없이 한쪽으로 기울어진 휠체어. 수십 년을 함께해 온 그녀의 유일한 발이, 그렇게 순식간에 기능을 상실하고 말았습니다.

할머니는 순간 온몸의 피가 차갑게 식는 것을 느꼈습니다.

바퀴가 부러진 휠체어는 이제 더 이상 그녀를 움직이게 할 수 없었습니다. 방안에서조차 혼자 힘으로는 단 한 발짝도 움직일 수 없는 완벽한 고립 상태가 된 것입니다. 그제야 그녀는 절망감보다 더 깊은, 극한의 외로움과 무력감에 휩싸였습니다. 심장이 조여 오는 듯한 답답함이 목까지 차올랐습니다. 휠체어가 고장이 나자 그녀의 모든 일상이 일시 정지되었습니다. 화장실도, 물 한 잔 마시는 것도, 그 무엇도 혼자서는 할 수 없게 된 것입니다. 막연했던 두려움이 현실이 되는 순간, 그녀는 자신이 이 세상에 얼마나 나약하고 무력한 존재인지를 처절하게 깨달았습니다.

반지하 방의 벽이 마치 사방에서 조여 오는 듯 답답하게 느껴졌습니다. 지난 수십 년간 가족의 외면과 세상의 냉대로 굳어진 마음은 더욱 단단하게 얼어붙었습니다. 이웃에게 도움을 청하는 것조차 쉬운 일이 아니었습니다. 창밖을 통해 겨우 목소리를 내보내도, 깊은 반지하에서 그녀의 목소리는 파묻히기 일쑤였습니다. 지나가는 사람들에게 도움을 요청하기 위해서는, 먼저 누군가의 시야에 들어야 하는데, 몸을 움직일 수 없는 그녀에게는 그조차도 불가능했습니다. 한때 의지했던 가족들은 이제 먼 기억 속의 존재일 뿐이었고, 고통에 찌든 얼굴과 불안한 눈빛은 그녀를 찾아오는 이웃조차 없게 만들었습니다. 그녀는 스스로를 '버려진 존재'라 여기며,

아무에게도 부담을 주고 싶지 않다는 생각에 도움을 요청하는 것을 극도로 꺼렸습니다.

그러나 이번만큼은 달랐습니다. 휠체어는 단순한 이동수단을 넘어선 그녀의 존재 의미였습니다. 그것마저 없어진다면, 그녀는 정말로 이 방 안에서 죽음을 기다릴 수밖에 없었습니다. 절망감에 휩싸여 흐느끼려 했지만, 이미 너무 많은 눈물을 흘려버린 탓인지 눈물조차 나오지 않았습니다. 메마른 눈은 붉게 충혈된 채 멍하니 바닥의 바퀴를 바라보았습니다. 어쩌면 마지막 발버둥일지도 모른다는 생각에, 그녀는 굳어진 입술을 겨우 열어 희미하게

"누구 없나요?"

하고 중얼거렸습니다. 그 목소리는 그녀의 입술을 벗어나지도 못하고 방 안의 습한 공기 속에 그대로 가라앉는 듯했습니다. 아무도 오지 않을 거라는, 이미 단념한 예감이 그녀의 마음을 지배했습니다.

그녀의 눈앞에는 과거의 잔인한 기억들이 주마등처럼 스쳐 지나갔습니다. 사고 후, 자신을 짐짝처럼 대했던 남편의 차가운 눈빛, 바쁜 척하며 찾아오지 않던 자식들의 모습. 그 기억들이 현재의 무력감을 더욱 극대화했습니다. 세상은 그녀에게 끊임없이 상처만을 안겨주었고, 이제는 그 마지막 흔들리던 버팀목마저 빼앗아 갔습니다. 절망감에 몸을 움츠리고

숨 쉬는 것조차 버거워하던 그때, 갑자기 멀리서 희미하게
"똑똑"
하는 노크 소리가 들려왔습니다. 할머니는 잘못 들었나 싶어 귀를 기울였지만, 곧이어 다시 "계십니까?" 하고 나지막하면서도 따뜻한 목소리가 들려왔습니다. 마치 사막 한가운데서 오아시스를 만난 듯, 그 목소리는 할머니의 얼어붙은 심장에 작은 파문을 일으켰습니다. 너무나도 익숙했던 침묵의 세상 속에서, 낯설지만 분명한 '사람의 소리'가 들려온 것입니다. 그것은 어둠 속을 헤매던 사랑 할머니에게 드리운, 작지만 분명한 한 줄기 희망의 빛이었습니다.

극한의 외로움과 무력감 증폭

사랑 할머니의 삶에서 유일한 '발'이 되어주던 휠체어의 바퀴가 부서지는 순간, 그녀의 작은 세계는 완전히 정지했습니다. '쨍그랑!' 날카로운 금속음이 정적에 싸인 반지하 방에 울려 퍼졌고, 그 소리는 할머니의 굳어진 심장에 직접적으로 박히는 듯했습니다. 몸은 기울어진 휠체어 위에서 속수무책으로 흔들렸고, 필사적으로 벽을 짚었지만, 이미 바닥에 고꾸라진 바퀴는 그녀에게 더 이상의 전진을 허락하지 않았습니다. 그녀는 마치 늪에 빠진 사람처럼, 눈앞에서 자신의 모든 것이 무너져 내리는 것을 지켜볼 수밖에 없었습니다. 이젠 화장실조차 혼자 힘으로는 갈 수 없었습니다. 목이 말라도 물 한 잔 스스로 떠 마실 수 없었고, 차가운 방에 그대로 앉아 있을 수밖에 없었습니다. 그 물리적인 움직임의 상실은 단순히 몸의 문제가 아니라, 그녀의 자아와 독립성에 대한 끔찍한 공격이었습니다.

할머니는 두려움과 절망감에 휩싸였습니다. 이제 정말 아무것도 할 수 없는, 완벽하게 고립된 존재가 되어버렸다는 사실이 그녀를 짓눌렀습니다. 한때는 몸을 지탱 해주던 휠체어가 이제는 움직이지 못하는 자신의 무력함을 가감 없이 드러내는 차가운 고철 덩어리로 변한 것입니다. 그녀의 호흡은 점차 가빠졌고, 심장은 불안하게 쿵쾅거렸습니다. 창밖에서는 여전히 비가 추적거리며 내렸고, 빗물이 벽을 타고 흐르는 소리만이 방 안을 채웠습니다. 그 소리는 마치 그녀의 눈물처럼 느껴졌고, 외부 세상과 자신을 가르는 투명하지만 단단한 벽처럼 느껴졌습니다.

사랑 할머니의 정신은 급격히 과거로 회귀했습니다. 사고 후 자신을 버려두고 떠났던 남편의 차가운 등, 멀어진 자식들의 무관심한 눈빛이 선명하게 떠올랐습니다.

"네가 짐이 아니라고 누가 그래?"

귀에서 맴도는 환청 같은 속삭임이 그녀의 마음을 난도질했습니다. 그녀는 자신이 항상 짐이었고, 앞으로도 영원히 짐이 될 것이라는 굳은 확신에 빠졌습니다. 그래서 아무에게도 도움을 요청할 수 없었습니다. 누군가에게 부담을 주고 싶지 않다는 마음이 가장 컸지만, 사실은 도움을 요청해도 아무도 오지 않을 것이라는 깊은 불신과 '어차피 버려질 것'이라는 예감이 그녀를 짓눌렀습니다. 수많은 시간 동안 외면당했던 경험이 쌓여 만들어진 자포자기의 심정이었습니다.

그녀의 눈에 흐르는 눈물은 없었습니다. 이미 눈물샘마저 메말라 버린 지 오래였습니다. 그저 텅 빈 시선으로 창밖의 뿌연 유리창을 바라보았습니다. 어쩌면 이대로 아무도 모르게 사라지는 것이 더 나을지도 모른다는 섣뜩한 생각이 머리를 스쳤습니다. 살아 숨 쉬는 것이 고통이고, 존재 자체가 타인에게 불편을 주는 것이라면, 차라리 사라지는 것이 모두를 위한 일 아닐까? 하는 자기 비하적인 생각이 그녀를 잠식했습니다. 빗소리 속에서 멀리 들려오는 아이들의 웃음소리, 이웃들의 재잘거리는 대화 소리는 그녀의 고립감을 더욱 극대화하는 배경 음악 같았습니다. 저들은 서로 소통하고 연결되어 있는데, 왜 자신만이 이렇게 홀로 떨어져 버려져야 하는가. 세상의 모든 행복은 그녀를 비웃는 듯 멀리서만 아른거렸습니다.

몸은 차갑게 식어갔고, 머리는 멍해졌습니다. 숨 쉬는 것조차 버거웠습니다. 그녀는 팔꿈치로 간신히 바닥을 기어 휴대폰이 있는 작은 탁자 쪽으로 향했지만, 떨리는 손으로는 휴대폰을 잡을 수조차 없었습니다. 손끝에서 스르륵 미끄러져 바닥으로 떨어지는 휴대폰을 보며 그녀는 다시 한번 자신의 무력함을 처절하게 느꼈습니다. 아무것도 할 수 없었습니다. 오직 기다릴 뿐이었습니다. 하지만 무엇을? 도움의 손길? 아니면 체념과 함께 찾아올 마지막 순간?

할머니는 서서히 눈을 감았습니다. 과거와 현재가 뒤섞인 혼돈 속에서, 그녀의 정신은 현실의 차가움에서 벗어나고자 했습니다. 수십 년간 짊어져 온 고통과 체념의 무게는 이제 더 이상 감당할 수 없을 정도로 무거웠습니다. 의식의 끈이 희미해지려 하던 그때, 마치 아주 멀리서 들려오는 듯한 작은 소리가 그녀의 귓가를 스쳤습니다.

"똑똑…"

너무나 희미하여 환청인가 싶었습니다. 그녀는 다시 눈을 감으려 했습니다. 하지만 잠시 후, 이전보다 조금 더 명확하게 다시 들려오는 소리가 있었습니다.

"계십니까? 혹시 안에 계신가요?"

그것은 분명 사람의 목소리였습니다. 그것도 아주 가까이에서 들려오는. 낯설지만 따뜻함이 묻어나는 그 목소리는, 그녀가 지난 수십 년간 잊고 지냈던 '세상과의 연결'이라는 개념을 희미하게나마 다시 떠올리게 했습니다. 절망의 나락으로 떨어지려던 그녀의 의식은 그 소리 하나로, 아주 작은 파문과 함께 현실로 다시 떠올랐습니다. 완전히 고요하고 차가웠던 그녀의 세계에, 작지만 분명한 균열이 생기기 시작한 것입니다. 그녀의 메마른 눈가에 아주 미세한 떨림이 일었습니다.

예기치 않은 신부님의 첫 방문

사랑 할머니는 이제 정말 마지막이라는 생각을 하고 있었습니다. 휠체어의 고장으로 외부와의 유일한 연결 통로마저 끊긴 순간, 그녀의 삶은 차가운 암흑 속에 완전히 잠겨 버렸습니다. 심장이 조여드는 듯한 절망감 속에서, 그녀의 의식은 희미해져 갔습니다. 바로 그때였습니다. 아주 멀리서, 마치 희미한 환청처럼 들려왔던 나지막한 목소리.

"똑똑…"

그녀는 고통 속에서 겨우 눈을 떴지만, 현실이라 믿기 어려웠습니다. 자신의 인생에 이렇게 예상치 못한 친절을 베풀 사람이 있을 리 없다고 생각했습니다. 그저 차가운 방 안에서 들리는 빗소리이거나, 그녀의 늙은 귀가 만들어낸 착각일지도 모른다고 애써 생각했습니다. 그러나 잠시 후, 이전보다 훨씬 더 분명하고 단호하지만, 동시에 온화함이 담긴 목소리가 다시 한번 들려왔습니다.

"계십니까? 혹시 안에 계신가요?"

그것은 명백히 '사람의 소리'였습니다. 너무나 고요하고 차가웠던 사랑 할머니의 세계에, 감히 침범할 수 없을 것 같았던 그녀의 고독한 방 안에, 낯선 이의 목소리가 울려 퍼진 것입니다. 할머니의 굳게 닫혔던 마음에 아주 작은 파문이 일었습니다. 그녀는 오랜 시간 동안 누구에게도 자신을 드러내지 않고 살아왔습니다. 타인과의 모든 접촉을 차단하고, 스스로를 견고한 벽 안에 가둬 왔습니다. 그런데 지금, 그 벽 밖에서 누군가가 그녀를 찾고 있었습니다. 두려움과 함께 알 수 없는 미세한 동요가 그녀의 심장을 흔들었습니다. 대체 누구일까? 무엇 때문에 여기까지 찾아온 걸까? 그녀의 뇌리에는 수많은 의문이 스쳐 지나갔습니다.

할머니는 자신의 무력함을 다시 한번 상기했습니다. 휠체어는 고장 났고, 그녀는 방바닥에 그대로 주저앉아 있었습니다.

문까지 가는 것은 불가능했습니다. 목소리를 내보내려 했지만, 이미 너무나 오랜 침묵 속에 잠겨 있던 목은 쉬어 있었고, 떨리는 숨소리 외에는 아무런 소리도 낼 수 없었습니다. 문밖의 목소리는 한두 번 더 그녀의 이름을 불렀고, 마침내 작은 망설임 끝에 잠금장치가 열리는 소리가 들렸습니다.

'철컥!'

조심스럽게 문이 열리고, 한 남자가 그녀의 시야에 들어섰습니다. 그는 꾸밈없는 검은색 작업복 차림이었지만, 그에게서는 어떤 꾸밈도 느껴지지 않는 소박하고 정갈한 분위기가 풍겼습니다. 그의 손에는 연장이 가득 담긴 공구 상자가 들려 있었습니다. 그리고 무엇보다 할머니의 눈을 사로잡은 것은, 그의 얼굴에 걸린 따뜻하고도 해맑은 미소였습니다.

"안녕하세요, 어르신. 저는 이 근처 성당의 프란치스코 신부입니다. 이웃분께 어르신의 휠체어가 고장 났다는 이야기를 듣고 혹시 도움이 필요하실까해서 찾아왔습니다."

그의 목소리는 물이 흐르듯 잔잔하면서도 진심이 담겨 있었습니다. 할머니는 얼어붙은 채 그를 응시했습니다. '신부님?' 그녀의 삶에 종교는 아주 오래전 잊어버린 단어였습니다. 냉정한 세상 속에서 자신을 버린 신 같은 존재를 믿을 이유가 없었기 때문입니다. 그런데 신부라는 이 사람이 낡고 초라한 반지하 방에, 그것도 휠체어를 고쳐주겠다며 찾아오다니. 그녀는 그의 말을 믿을 수 없었습니다. 세상은 자신을 버렸고, 아무도 자신을 돌아보지 않는다는 생각만이 그녀의 현실이었습니다. 분명 무슨 다른 목적이 있을 것이라고, 경계심 가득한 마음으로 그의 모든 행동을 주시했습니다.

프란치스코 신부님은 할머니의 굳은 표정과 의심 가득한 눈빛을 알아차린 듯했습니다. 그러나 그는 전혀 개의치 않았습니다. 그는 서둘러 방으로 들어오거나 할머니에게 다가서지 않았습니다. 그저 문가에 선 채로 따뜻한 미소를 유지하며, 방 한쪽 구석에 한쪽 바퀴가 떨어져 나간 채 처참하게 기울어져 있는 휠체어를 발견했습니다.

"아, 저 휠체어가 고장이 났군요. 제가 바로 봐 드릴 수 있을 것 같습니다."

그는 할머니에게 어떤 불편한 질문도 하지 않았습니다. 그녀가 왜 이렇게 홀로 쓸쓸히 있는지, 왜 방이 어두컴컴한지 묻지 않았습니다. 그저 오직 그녀의 '휠체어'라는, 지금 당장 그녀에게 가장 필요한 것을 해결하기 위해 왔다는 듯 자연스럽게 행동했습니다. 이 순간에도 할머니는 여전히 자신의 경계를 풀지 못했습니다. 그러나 동시에, 극한의 무력감 속에서 자신을 찾아온 이 낯선 방문자의 존재가, 마치 가뭄에 쩍쩍 갈라진 대지에 떨어지는 한 방울의 이슬처럼 느껴지기도 했습니다. 그는 휠체어 쪽으로 조용히 다가가, 공구 상자를 열고 능숙하게 연장을 꺼내 들었습니다. 그 순간, 반지하 방의 차가운 공기 속에서, 아주 작은 희망의 불씨가 흔들리며 피어오르는 듯했습니다. 어둠 속에 홀로 갇혀 있던 사랑 할머니에게, 예기치 않게 찾아온 한 줄기 빛이었습니다.

3. 프란치스코 신부님의 온기

꾸밈없는 첫 만남과 할머니의 경계심

문이 열리고 프란치스코 신부님이 그녀의 닫힌 세계 속으로 첫발을 내디딘 순간, 사랑 할머니는 굳어진 몸을 가눌 수 없었습니다. 그는 예상했던 화려한 성직자복 차림이 아니었습니다. 검은색 면바지와 낡은 점퍼, 그리고 빛바랜 운동화. 마치 이웃집 아저씨 같은 꾸밈없는 모습이었지만, 그의 눈빛은 맑았고 얼굴에는 진심 어린 미소가 가득했습니다. 그의 손에는 낡은 공구 상자가 들려 있었는데, 그 안에는 펜치, 드라이버, 스패너 같은 연장들이 옹기종기 들어 있었습니다.

"안녕하세요, 어르신. 저는 이 근처 성당의 프란치스코 신부입니다. 이웃분께 어르신의 휠체어가 고장 났다는 이야기를 듣고 혹시 도움이 필요하실까 해서 찾아왔습니다."

그의 목소리는 차분하고 따뜻했으며, 조급함이나 계산적인 의도가 전혀 느껴지지 않았습니다.

사랑 할머니는 그런 그를 뚫어지라 응시했습니다. 그의 말과 행동 사이에는 어떤 불일치도 없었습니다. 그런데 바로 그 꾸밈없는 진심이 할머니에게는 더 큰 당혹감과 함께 깊은 경계심을 불러일으켰습니다. 지난 수십 년간 그녀의 삶을 지배했던 것은 배신과 냉대였습니다. 세상은 늘 그녀에게 상처를 주었고, 사람들은 필요한 순간에만 달콤한 말로 접근하거나, 자신의 이익을 위해 다가왔습니다. 혹은 그저 동정의 눈빛으로 그녀를 연민의 대상으로 삼았습니다. 아무도 대가 없이, 조건 없이 친절을 베풀지 않았습니다. 그런데 이 프란치스코 신부라는 사람은, 마치 오랜 친구처럼 자연스럽게 도움을 주겠다고 찾아온 것입니다.

'대체 저 사람은 뭘 원하는 거지?'

할머니의 머릿속은 온통 의심으로 가득 찼습니다. 사기꾼일까? 아니면 뭔가 종교적인 강요를 하려는 걸까? 아니면 그저 자신의 '선행'을 과시하고 싶은 걸까? 수많은 의심의 조각들이 할머니의 마음에 거대한 불신이라는 벽을 쌓아 올렸습니다.

그녀는 아무 말도 할 수 없었습니다. 오랫동안 사용하지 않아 굳어버린 목소리는 나오지 않았고, 심지어 그의 미소를 마주 볼 용기조차 없었습니다. 자신의 초라한 모습, 고장 난 휠체어, 그리고 더럽고 냄새나는 방. 이 모든 것이 마치 그의 앞에서 발가벗겨진 듯한 수치심을 안겨주었습니다. 그래서 그녀는 더욱 시선을 피하고, 얼굴에는 냉정한 무표정을 지었습니다. 자신을 함부로 대하지 못하게, 감히 동정하거나 침범하지 못하게 하려는 필사적인 방어기제였습니다.

프란치스코 신부님은 할머니의 굳어진 표정이나 싸늘한 침묵에 개의치 않았습니다. 그는 그녀에게 어떤 말도 강요하지 않았습니다. 그저 차분하게 휠체어 옆으로 다가가 자세를 낮추었습니다. 그리고 망가진 바퀴를 찬찬히 살피기 시작했습니다. 공구 상자에서 적절한 연장을 꺼내며, 그는 능숙하게 휠체어 수리를 시작했습니다. 낡은 금속이 서로 부딪히는 '딸그락' 소리, 나사를 조이는 '드드득' 소리만이 방 안에 울려 퍼졌습니다. 그 소음은 할머니의 귀에는 한 치의 오차도 없이 일에만 집중하는 듯한 그의 모습으로 전달되었습니다. 할머니는 그를 지켜보면서도 여전히 경계심을 풀지 않았습니다.

'언제쯤 본색을 드러낼까?, 수리가 끝나면 나에게 무엇을 요구할까?'

그의 모든 움직임과 표정을 의심스러운 눈초리로 훑었습니다. 그럼에도, 신부님의 등에서는 희미하지만 따뜻한 온기가 느껴지는 듯했습니다. 그의 손놀림은 거침이 없었지만 동시에 조심스러웠고, 휠체어를 다루는 모습은 마치 소중한 것을 다루는 듯 세심했습니다. 그는 휠체어 바퀴뿐 아니라 삭은 나사 하나, 녹슨 볼트 하나까지 놓치지 않고 꼼꼼하게 살폈습니다. 할머니의 낡은 휠체어는 지난 수십 년간 그 어떤 인간에게서도 받아보지 못했던 정성을 받고 있었습니다. 그 누구도 그녀의 '짐이자 부담'이었던 휠체어를 이렇게 살뜰히 다루지 않았습니다. 그는 마치 그녀의 몸의 일부를 치료하는 의사처럼 신중하게 작업을 이어갔습니다. 할머니는 무표정 아래 감춰진 심장이 쿵, 하고 작은 소리를 내는 것을 느꼈습니다.

이름조차 몰랐던, 생전 처음 보는 남자가 아무런 대가도 바라지 않고 자신의 가장 절박한 필요를 채워주고 있었습니다. '신부'라는 호칭이 주는 생소함과 함께, 그의 꾸밈없는 진심이 할머니의 단단한 불신이라는 벽에 아주 작은 균열을 내기 시작했습니다. 그녀는 여전히 그를 완벽하게 믿을 수는 없었습니다. 하지만 그 순간만큼은, 그가 작업에 몰두하는 동안, 오랫동안 그녀를 짓눌렀던 절망감과 무력감에서 아주 잠시 동안 해방된 듯한 기묘한 안정감을 느꼈습니다. 그 차가운 반지하 방에, 그리고 그녀의 얼어붙은 마음에, 작지만 분명한 온기가 스며드는 예기치 못한 순간이었습니다.

망가진 휠체어를 고치는 신부님

　사랑 할머니는 여전히 경계의 끈을 놓지 못하고 프란치스코 신부님을 응시했습니다. 문가에 선 채 조용히 할머니에게 인사를 건넨 그는, 할머니의 시선을 피하지도, 부담을 주지도 않았습니다. 대신 그는 방 한구석에 힘없이 기울어져 있는 휠체어로 시선을 옮겼습니다. 한쪽 바퀴가 완전히 빠져 너덜거리는 휠체어의 모습은 그간 할머니가 견뎌야 했던 삶의 무게를 고스란히 드러내는 듯했습니다. 신부님은 작게 탄식하더니, 익숙하게 허리춤에 찬 작은 주머니에서 비닐장갑 한 켤레를 꺼내 끼고, 들고 온 공구 상자를 조심스럽게 바닥에 내려놓았습니다. '철컥' 하는 상자 열리는 소리와 함께 펜치, 스패너, 드라이버 같은 연장들이 모습을 드러냈습니다. 할머니의 눈은 매처럼 날카롭게 그의 모든 움직임을 따라갔습니다. 과연 저 사람이 무엇을 하려는 걸까?

　신부님은 고장 난 휠체어 옆으로 다가갔습니다. 그는 몸을 깊이 숙여 거의 무릎을 꿇는 자세로 휠체어를 살폈습니다. 차가운 반지하 방 바닥의 먼지나 습기에는 아랑곳하지 않는 듯했습니다. 그의 시선은 휠체어의 부러진 축과 바퀴에 집중되어 있었습니다. 할머니는 그의 손놀림을 유심히 지켜봤습니다. 나사 하나하나를 신중하게 확인하고, 이탈된 바퀴를 다시 축에 맞춰 끼워 보려 했습니다. 한두 번 시도했지만 휠체어의 낡은 부품들은 쉽게 움직이지 않았습니다. 그는 서두르거나 짜증내는 기색 없이, 필요한 연장을 꺼내 조심스럽게 녹슨 나사를 풀어내기 시작했습니다. '끼이익, 끼이익...' 쇠끼리 부딪치는 둔탁한 소리가 방 안에 울려 퍼졌습니다. 그 소리는 마치 오랫동안 방치되었던 할머니의 마음의 문이 녹슬어 열리지 않는 듯한 소리처럼 느껴졌습니다.

　그는 단지 망가진 바퀴 하나를 고치는 것이 아니었습니다. 휠체어 전체를 꼼꼼하게 살폈습니다. 혹시 다른 곳에 이상은 없는지, 바퀴마다 공기압은 적절한지, 브레이크는 제대로 작동하는지 일일이 확인했습니다. 기름때로 얼룩진 손으로 낡은 바퀴를 직접 돌려보며 삐걱거리는 소리의 근원을 찾으려 노력했고, 뻑뻑하게 돌아가지 않는 부분에는 틈새마다 기름을 칠했습니다. 그의 이마에는 어느새 땀방울이 송골송골 맺혔지만, 그의 표정은 여전히 진지하고 침착했습니다. 마치 최선을 다하는 장인처럼, 그의 모든 에너지는 지금 당장의 '휠체어 수리'에 집중되어 있는 듯했습니다. 할머니는 수십 년간 누구에게서도 받아보지 못한, 마치 자신을 돌보는 듯한 살뜰한 손길을 휠체어가 받고 있다는 사실에 묘한 감정을 느꼈습니다. 가족들에게조차 짐이자 성가신 존재로 치부되던 자신의 '발'이, 이름 모를 신부의 손에서 그토록 귀한 대접을 받고 있다니.

침묵 속에서 오직 연장 소리와 신부님의 나지막한 숨소리만이 이어졌습니다. 할머니는 그에게서 시선을 뗄 수 없었습니다. 불과 몇 시간 전만 해도 그녀는 이 세상에 혼자 남겨진 듯한 극한의 무력감에 시달리고 있었습니다. 이제는 움직이지도 못하게 된 이 휠체어를 보며 마지막 희망마저 놓으려 했었습니다. 그런데 지금, 아무런 조건도 없이 자신의 곁에 와서 묵묵히 도움을 주는 이 낯선 남자의 모습은 그녀의 고통스럽게 굳어진 마음속에 아주 작은 파문을 일으켰습니다.

'왜... 왜 저 사람이 나를 돕고 있는 거지?'

끊임없이 의심하고 분석하려 했지만, 그의 행동에서는 어떤 속임수나 은밀한 의도도 찾아볼 수 없었습니다. 오직 순수한 봉사와 배려만이 느껴질 뿐이었습니다.

약 한 시간쯤 지났을까. 신부님은 공구들을 정리하고 천천히 몸을 일으켰습니다. 그의 작업복은 먼지와 기름때로 얼룩져 있었지만, 그의 얼굴에는 맑은 웃음이 걸려 있었습니다. 그는 할머니를 바라보며 고개를 끄덕였습니다.

"이제 됐습니다, 어르신. 바퀴 축이 많이 낡아서 부러진 거였어요. 임시방편으로 단단하게 고정해 두었으니 한동안은 괜찮으실 겁니다. 나중에 좀 더 튼튼한 부품으로 완전히 갈아드려야 할 것 같아요."

그의 목소리는 여전히 부드러웠습니다. 그는 휠체어의 손잡이를 잡고 가볍게 밀어 보았습니다. '스르륵…' 낡았지만 이제는 부드럽게 굴러가는 소리가 방 안에 울렸습니다. 전혀 삐걱거리지 않았고, 한쪽으로 기울어지지도 않았습니다.

신부님은 할머니가 있는 곳까지 휠체어를 직접 밀어왔습니다. 그리고 그녀의 눈높이에 맞춰 몸을 숙여 다시 한번 진심이 담긴 미소를 지었습니다. 할머니는 고쳐진 휠체어와 그 곁에 선 신부님을 번갈아 바라봤습니다. 아직 그의 선의를 온전히 믿을 수는 없었지만, 마음 한구석에서는 수십 년 만에 처음 느껴보는 따뜻하고 기묘한 감정이 스멀스멀 피어오르고 있었습니다. 그것은 감사함이기도 했고, 동시에 이토록 따뜻한 손길을 받아본 적 없었던 지난 삶에 대한 쓰디쓴 아쉬움이기도 했습니다. 이젠 정말 누구에게도 기댈 수 없다고 생각했던 그녀에게, 예상치 못한 친절은 작은 위로를 안겨주었습니다. 차가운 반지하 방 안에는 휠체어의 윤활유 냄새와 함께, 낯선 온기가 희미하게 감돌기 시작했습니다. 그녀의 얼어붙은 심장에 작은 불씨가 지펴지는 듯한, 아주 미세한 변화였습니다.

차가운 방에 스며든 작은 희망 불씨

프란치스코 신부님의 손에서 완전히 수리된 휠체어가 '스르륵' 하고 부드럽게 굴러가는 소리는, 사랑 할머니의 반지하 방을 가득 채우고 있던 침묵과 절망을 찢고 들어온 한 줄기 낯선 선율 같았습니다. 삐걱거리고 고꾸라져 있었던 휠체어는 이제 거짓말처럼 매끄럽게 움직였습니다. 신부님은 할머니가 있는 곳까지 휠체어를 밀어와 그녀의 눈높이에 맞춰 몸을 숙였습니다. 기름때가 묻은 작업복과 지친 듯한 얼굴이었지만, 그의 눈빛은 여전히 맑았고 입가에는 잔잔한 미소가 번져 있었습니다.

"이제 됐습니다, 어르신. 바퀴 축이 많이 낡아서 부러진 거였어요. 임시방편으로 단단하게 고정해 두었으니 한동안은 괜찮으실 겁니다. 나중에 좀 더 튼튼한 부품으로 완전히 갈아드려야 할 것 같아요."

그의 목소리에는 과장된 친절함도, 생색내는 기색도 없었습니다. 오직 따뜻하고 진솔한 걱정만이 담겨 있었습니다.

할머니는 고쳐진 휠체어와 신부님을 번갈아 바라보았습니다. 그의 손에서 풍기는 희미한 기름 냄새와 함께, 이 차가운 방에 낯선 온기가 감도는 듯했습니다. 그녀는 지난 수십 년간 휠체어를 타면서, 그 누구도 이토록 자신의 '발'에 진심으로 관심을 가져주는 사람을 만나본 적이 없었습니다. 남편도, 자식들도, 심지어 재활치료사도 이토록 세심하게 휠체어를 보살피지 않았습니다. 그들에게 휠체어는 그저 할머니의 장애를 상징하는 불편한 도구였을 뿐이었죠. 그런데 지금, 생면부지의 이 신부님은 마치 할머니의 몸의 일부를 치료하는 의사처럼 정성을 다했습니다.

이 작은 행동은 할머니의 군건한 불신에 첫 균열을 내기 시작했습니다. 그녀는 그동안 세상 모든 사람을 의심했고, 타인의 친절은 늘 가장된 위선이라고 믿어왔습니다. 그런데 프란치스코 신부님의 눈빛에서는 어떤 가식도 찾아볼 수 없었습니다. 그의 꾸밈없는 태도와 진심 어린 걱정은 할머니의 마음에 스며들어, 오랜 불신으로 형성된 단단한 얼음벽에 조용히 금을 내기 시작했습니다. 할머니는 그에게 감사하다는 말을 해야 할 것 같았지만, 수십 년간 닫혀 있던 입은 쉽게 떨어지지 않았습니다. 그저 그의 눈을 바라보며 작은 떨림을 보일 뿐이었습니다.

신부님은 할머니의 어색한 침묵을 이해하는 듯, 더 이상 말을 잇지 않고 조용히 공구들을 챙겼습니다. 그는 주변을 한번 휘둘러 보더니, 할머니의 오래된 컵에 차가 남아 있는 것을 발견하고는

"어르신, 제가 잠시 뜨거운 물을 좀 끓여도 될까요? 방이 좀 쌀쌀한 것 같습니다."

신부님은 나지막이 물었습니다. 할머니는 고개를 끄덕일 수밖에 없었습니다. 그의 친절은 거부할 수 없는 따뜻함으로 다가왔습니다. 주방에서 물 끓이는 소리가 작게 들려오고, 이내 따뜻한 김이 모락모락 피어나는 차 한 잔이 할머니 앞에 놓였습니다. 따뜻한 컵의 온기가 차가웠던 손에 스며들었고, 목을 타고 넘어가는 따뜻한 차는 오랫동안 말라붙었던 그녀의 목을 부드럽게 적셔주었습니다.

그 짧은 순간 동안, 사랑 할머니는 과거와 현재의 감각들이 뒤섞이는 것을 경험했습니다. 젊은 시절, 어머니가 끓여주던 따뜻한 생강차의 기억. 아팠을 때 남편이 조심스레 건네

던 미지근한 물 한 잔의 기억. 그 모든 따스하고 정겨웠던 순간들이, 신부님이 건넨 이 한 잔의 차에 겹쳐지며 아련한 향수가 되어 밀려왔습니다. 동시에, 그 행복했던 순간들이 사라진 지금의 고립된 현실이 그녀를 아프게 했습니다. 그러나 동시에 '나를 돌봐주는 사람이 아직 이 세상에 존재한다'는, 잊고 지냈던 감각이 희미하게 되살아났습니다.

프란치스코 신부님은 차를 마시는 할머니를 물끄러미 바라보았습니다. 그는 특별한 위로의 말을 건네지 않았습니다. 그저 할머니의 존재를 있는 그대로 인정하고, 그녀에게 필요한 것을 채워주려는 작은 행동들이 전부였습니다. 그에게는 할머니의 고통스러운 과거를 다 알 필요도, 그녀의 아픔을 완전히 이해할 필요도 없었습니다. 그저 눈앞의 한 영혼이 겪는 고난에 진심으로 반응하는 것, 그것이 그의 본성이었습니다. 할머니는 신부님이라는 존재가 단순한 '수리공'이 아니라는 것을 직감했습니다. 그는 그녀의 메마른 마음에 조용히 스며들어오는, 작은 빛이었습니다. 신부님은 곧 갈 준비를 했습니다.

"어르신, 혹시 다음에라도 휠체어에 문제가 생기거나, 도움이 필요하시면 언제든지 성당으로 연락 주세요. 아니면 이웃 분께 말씀하셔도 제가 바로 찾아오겠습니다."

그는 자신의 전화번호가 적힌 작은 쪽지를 휠체어 바구니에 넣어주었습니다. 그리고 다시 한번 따뜻한 미소를 지으며 고개를 숙였습니다.

"그럼 편히 쉬세요, 어르신."

문이 닫히고, 신부님의 발소리가 멀어지는 동안, 반지하 방은 다시금 고요해졌습니다. 하지만 이전과는 미묘하게 다른 고요함이었습니다. 휠체어의 윤활유 냄새가 희미하게 코끝을 맴돌았고, 방 안의 차가운 공기 속에서도 설명할 수 없는 작은 온기가 감도는 듯했습니다. 할머니의 굳어진 마음에 떨림이 일었습니다. 수십 년간 꺼져 있던 희망이라는 불씨가, 꺼지지 않도록 지켜봐 줄 누군가가 있다는 아주 작은 믿음과 함께, 겨우내 움츠렸던 씨앗이 봄 햇살에 고개를 내밀듯 희미하게 타오르기 시작했습니다. 그것은 시작이었습니다. 길고 긴 터널의 끝에서, 아주 작지만 분명한 한 줄기 빛이 보이기 시작한 순간이었습니다.

4. 신부님의 변함없는 보살핌

정기적인 방문과 따뜻한 간식 나눔

프란치스코 신부님이 휠체어를 고쳐주고 떠난 후, 사랑 할머니의 반지하 방은 다시 고요해졌습니다. 그러나 이전과는 다른 고요함이었습니다. 휠체어의 부드러운 움직임, 희미하게 풍기던 기름 냄새, 그리고 가장 중요하게는 신부님이 남긴 쪽지에 적힌 전화번호와 그의 "언제든지 연락 주세요"라는 따뜻한 한마디가 방 안을 가득 채우고 있었습니다. 할머니는 그 작은 쪽지를 쥐고 한참 동안 생각에 잠겼습니다. 오랜만에 느껴보는 타인의 '관심'이라는 감각은 아직 낯설고 불편했지만, 동시에 꺼지지 않는 작은 불씨처럼 그녀의 마음에 희망을 피워 올렸습니다. 그러나 깊은 불신과 체념은 여전히 할머니를 짓누르고 있었고, 그녀는 차마 그에게 먼저 연락할 용기는 낼 수 없었습니다.

하지만 신부님의 발걸음은 할머니의 예상을 훨씬 뛰어넘는 꾸준함을 보였습니다. 며칠 뒤, 할머니가 또다시 휠체어를 이용하려던 아침이었습니다. "똑똑." 다시 한번 익숙해진 노크 소리가 들렸고, 문이 열리자 환하게 웃는 프란치스코 신부님의 얼굴이 나타났습니다. 그의 손에는 작은 봉투가 들려 있었습니다. "어르신, 안녕하세요! 지난번에 휠체어는 괜찮으신가 해서 잠시 들렀습니다." 그는 봉투에서 갓 구운 듯한 따뜻한 빵과 작은 우유 한 팩을 꺼냈습니다. "이 근처 빵집에서 갓 나온 겁니다. 출출하실까 봐요." 빵에서는 달콤하고 고소한 냄새가 났고, 할머니는 침을 꿀꺽 삼켰습니다. 그는 할머니의 허락도 없이 들어오는 무례를 범하지 않았습니다. 그저 문턱에 선 채 조용히 봉투를 건넬 뿐이었습니다. 할머니는 그 빵을 받아 들며 어색하게 고개를 끄덕였습니다. 그는 짧은 안부를 묻고는 "그럼 어르신, 편히 쉬십시오."라고 인사하며 다시 돌아갔습니다.

이후부터 신부님의 방문은 일주일에 한두 번, 정기적인 일과가 되었습니다. 그는 마치 약속이라도 한 듯 일정한 시간에 방문했습니다. 늘 따뜻한 빵이나 갓 짠 우유, 가끔은 작은 사탕이나 직접 꺾어온 성당 뜰의 싱그러운 꽃 한 송이를 가져왔습니다. 할머니의 굳건한 마음에 서서히 균열이 가기 시작했습니다. 처음에는 여전히 경계심을 놓지 않았습니다. '왜 이렇게 잘해주는 걸까? 나중에 무언가 큰 대가를 요구하려는 것일까?' 하는 의심이 매번 그녀의 마음을 지배했습니다. 하지만 그의 방문은 그 어떤 조건도 요구하지 않았고, 그저 묵묵히 따뜻한 배려를 전할 뿐이었습니다. 할머니가 말을 걸지 않아도 그는 억지로 대화를 시도하지 않았습니다. 그저 짧은 안부와 함께 따뜻한 선물을 건네고는 미소를 지으며 돌아갈 뿐이었습니다.

할머니의 생활에는 미묘한 변화가 찾아왔습니다. 신부님이 방문하는 요일이 되면, 할머니는 아침 일찍 일어나 몸을 더 깨끗하게 단장했고, 휠체어를 한 번 더 닦았습니다. 마치 소중한 손님을 맞이할 준비를 하는 것처럼 말입니다. 휠체어를 고칠 때 맡았던 희미한 기름 냄새, 그가 건넨 빵의 달콤한 향기는 어느덧 할머니의 반지하 방에 익숙하고 편안한 향기가 되었습니다. 그가 주고 간 빵을 먹으며 할머니는 오랜만에 '온기'라는 것을 느꼈습니다. 가족들에게도 버림받은 자신에게, 핏줄 한 점 섞이지 않은 이 신부님이 매번 찾아와 이렇게 정성스러운 관심과 나눔을 베푼다는 사실은 할머니의 메마른 마음에 작은 샘물을 뿌리는 듯했습니다.

그의 방문은 단순히 먹을 것을 가져다주는 것을 넘어섰습니다. 그것은 할머니의 삶에 외부와의 연결고리를 다시 만들어주었습니다. 그 짧은 몇 분간의 방문을 통해 할머니는 자신이 세상으로부터 완전히 잊히지 않았다는 작은 위안을 얻었습니다. 프란치스코 신부님은 할머니에게 말을 시키지 않고도, 그저 자신의 존재를 보여주는 것만으로도 할머니에게 깊은 메시지를 전달했습니다. '할머니는 혼자가 아닙니다. 당신은 여전히 소중한 존재입니다.' 이러한 무언의 지지는 할머니의 마음속 깊이 박혀 있던 고독과 무력감을 조금씩 걷어내기 시작했습니다. 그녀는 이제 더 이상 하루가 끝나지 않기를 바라는 절망적인 마음으로 밤을 기다리지 않았습니다. 다음번 신부님의 방문을 은근히 기대하며, 다음 빵은 어떤 맛일지 상상하는 소박한 기대로 하루를 견디기 시작했습니다. 창밖의 세상은 여전히 차가웠지만, 방 안에 스며드는 프란치스코 신부님의 변함없는 보살핌은 할머니의 마음을 조금씩 따뜻하게 데워주었습니다. 그것은 단순한 간식이 아닌, 사랑과 관심이라는 값진 영혼의 양식이었습니다.

성당 마당에서 다시 찾은 햇살과 바람

프란치스코 신부님의 꾸준한 방문과 따뜻한 간식 나눔은 사랑 할머니의 반지하 방에 새토운 리듬을 가져왔습니다. 할머니는 신부님이 다녀간 후에도 종종 그의 말소리와 빵 냄새를 기억하며 멍하니 창밖을 보곤 했습니다. 마음속에선 아직 불신과 경계심이 완전히 사라진 것은 아니었지만, 더 이상 이전처럼 날카롭지 않았습니다. 그녀의 세계에 생긴 작은 틈새로, 새로운 공기가 조금씩 스며들고 있었습니다.

그러던 어느 화창한 봄날 오후였습니다. 겨울의 삭막함을 뚫고 돋아난 새싹들이 성당 마당을 푸르게 물들이고, 포근한 햇살이 세상을 감싸 안는 그런 날이었습니다. 신부님은 늘 그랬듯 빵과 우유를 들고 할머니를 찾아왔습니다. 그런데 그날은 평소와 달리 짧은 안부 인사만 건네지 않았습니다. 그는 햇살 가득한 창밖을 잠시 바라보더니 조심스럽게 입을 열었습니다.

"어르신, 오늘은 날씨가 참 좋습니다. 성당 마당에 꽃들도 많이 피었고요. 혹시 잠시 바람이라도 쐬러 가실까요? 햇볕 쬐시면 몸에도 좋으실 텐데요."

사랑 할머니는 순간 몸을 움츠렸습니다. '바깥 세상?' 그녀에게 세상은 이미 너무나 멀고 낯선 공간이었습니다. 수십 년간 반지하 방 안에 갇혀 지냈던 그녀에게 바깥으로 나간다는 것은 상상하기조차 힘든 일이었습니다. 오랜 고립 생활로 세상 사람들의 시선이 두려웠고, 갑자기 낯선 환경에 노출되는 것에 대한 막연한 불안감도 있었습니다. 자신의 초라하고 불편한 모습이 다른 이들에게 어떻게 비칠지에 대한 두려움이 앞섰습니다. 게다가 반지하에서 지상으로 올라가는 길은 꽤 가파른 언덕길이었습니다. 그녀의 휠체어로 그 길을 오른다는 것은 불가능에 가까웠고, 누군가의 전적인 도움 없이는 한 발자국도 움직일 수 없었습니다. 할머니는 순간 얼굴을 굳히고 고개를 저었습니다.

"아니오, 괜찮습니다. 제가 나가서 뭘 하겠어요."

신부님은 할머니의 반응에 아랑곳하지 않고, 오히려 더 환하게 웃으며 말했습니다.

"괜찮습니다, 어르신. 제가 어르신 휠체어 밀어 드릴게요. 성당 마당은 조용하고 편안해서 어르신께 분명 좋으실 겁니다."

그의 목소리에는 강요가 없었고, 그저 할머니의 의사를 존중하겠다는 진심 어린 배려만이 느껴졌습니다. 할머니는 그의 맑은 눈빛을 보며 차마 더 강하게 거절할 수 없었습니다. 오랫동안 닫혀 있던 그녀의 마음이 미약하게나마 그의 따뜻한 진심에 움직이고 있었던 것입니다. 결국 할머니는 마지못해 고개를 끄덕였습니다.

밖으로 나가는 길은 할머니에게 지난 수십 년의 무게만큼이나 길고 힘든 여정이었습니다. 신부님은 익숙하게 휠체어를 잡고 계단을 오르기 시작했습니다. 그녀의 몸을 실은 휠체어가 한 계단 한 계단 오를 때마다 할머니의 심장은 격렬하게 요동쳤습니다. 반지하를 벗어나 점차 위로 올라갈수록, 희미하게나마 느껴지던 빛의 존재는 점차 강렬한 기운으로 변해갔습니다. 드디어 마지막 계단을 올라서 지상으로 나온 순간, 할머니의 눈은 순간, 눈부신 빛에 노출되어 저절로 감겼습니다. 수십 년간 어두운 반지하 방에 익숙해진 그녀의 망막은 예상치 못한 강렬한 햇살에 적응하기 위해 애썼습니다.

그리고 잠시 후, 할머니가 조심스럽게 눈을 떴을 때, 그녀의 눈앞에 펼쳐진 풍경은 마치 꿈과도 같았습니다. 눈부시게 푸른 하늘이 머리 위로 펼쳐져 있었고, 맑고 따뜻한 햇살이 온몸을 감싸 안는 듯했습니다. 반지하 방의 차가운 습기 대신, 코끝을 간질이는 싱그러운 풀냄새와 꽃향기가 가득했습니다. 무엇보다 놀라운 것은 바람이었습니다. 살랑살랑 불어오는 부드러운 바람이 얼굴과 머리카락을 스치고 지나갔습니다. 할머니는 그동안 잊고 지냈던 '바람'의 감촉을 온몸으로 느꼈습니다. 머리카락을 흔들고, 옷깃을 스치는 그 부드러움은 차가운 방 안의 고요함과는 전혀 다른, 생동감 넘치는 움직임이었습니다.

신부님은 할머니를 성당 마당의 가장 햇볕이 잘 드는 곳으로 이끌었습니다. 그곳에는 벤치와 함께 작은 화단이 있었고, 울긋불긋한 꽃들이 생기 있게 피어나 있었습니다. 할머니는 벤치에 앉은 신부님 옆에 휠체어를 나란히 세운 채 멍하니 주변을 둘러보았습니다. 아련하게 들려오는 새소리, 멀리서 들려오는 아이들의 즐거운 웃음소리, 나뭇잎이 바람에 스치는 '사각거림'. 이 모든 소리들이 그녀에게는 너무나도 생소하면서도 아름다운 소리였습니다. 그녀는 손을 들어 따뜻한 햇살을 만져 보았습니다. 손바닥 위로 내려앉는 햇살의 온기는 마치 보이지 않는 누군가가 자신을 따뜻하게 안아주는 듯한 포근함을 주었습니다. 메마른 눈가에는 그제야 따뜻한 눈물이 흘러내렸습니다. 슬픔의 눈물이 아니었습니다. 살아있음을 느끼는 감격, 자유로움, 그리고 이 아름다운 세상을 다시 마주하게 된 벅찬 감동의 눈물이었습니다.

프란치스코 신부님은 할머니 곁에서 아무런 말 없이 그저 함께 햇볕을 쬐었습니다. 그는 할머니의 눈물이나 감격에 대해 묻지 않았습니다. 그저 할머니의 어깨를 조용히 토닥여 주었습니다. 그의 침묵은 어떤 말보다도 큰 위로가 되었습니다. 할머니는 지난 수십 년간 겪었던 육체적, 정신적 고통이 햇살과 바람에 씻겨 나가는 듯한 기분을 느꼈습니다. 자신의 세계가 오직 반지하 방만이 아님을, 세상은 여전히 아름답고 살아있다는 것을 오랫동안 잊고 지냈던 그녀의 온몸이 깨달았습니다. 그날 성당 마당에서의 몇 시간은 사랑 할머니의 삶에 너무나도 중요한 순간이었습니다. 갇혀 있던 마음의 창이 활짝 열리고, 그 사이로 햇살과 바람이 스며들어 메마른 영혼을 촉촉하게 적시는, 새로운 시작의 순간이었습니다.

침묵 속에서 깊어진 할머니의 유대감

성당 마당에서 다시 햇살과 바람을 온몸으로 느꼈던 그날 이후, 사랑 할머니의 세계는 미묘하지만 분명한 변화를 맞이했습니다. 이제 그녀는 신부님이 가져다주는 따뜻한 빵과 우유를 그저 허기진 배를 채우는 음식이 아니라, 외부 세상이 자신에게 건네는 따뜻한 손길로 받아들이기 시작했습니다. 그녀의 차가운 반지하 방은 신부님이 다녀간 후에 풍기는 희미한 비누 냄새나 빵 냄새, 때로는 성당 뜰에서 꺾어온 꽃향기로 채워졌습니다. 그 향기들은 메마른 그녀의 삶에 아주 작지만 분명한 온기를 불어넣었습니다.

프란치스코 신부님은 여전히 정기적으로 할머니를 찾아왔습니다. 하지만 그의 방문 목적은 단순히 빵이나 우유를 전해주거나 휠체어 상태를 확인하는 것을 넘어섰습니다. 그는 할머니에게 어떤 말도 강요하지 않았고, 지나간 삶에 대한 구구절절한 사연을 묻지도 않았습니다. 그는 그저 할머니의 침묵을 존중하며 그녀의 곁에 앉아 주었습니다. 때로는 할머니가 먹는 빵 한 조각을 말없이 지켜보기도 했고, 때로는 고요히 방 안을 둘러보며 할머니의 낡은 살림들을 시선으로 어루만지는 듯했습니다. 그들은 서로 많은 대화를 나누지 않았습니다. 할머니는 여전히 자신의 삶의 아픔을 꺼내놓기 어려웠고, 신부님은 그녀의 침묵 속에 담긴 깊은 의미를 알고 있는 듯 인내심을 가지고 기다려주었습니다.

침묵 속에서 그들의 유대감은 더욱 깊어졌습니다. 말로는 표현할 수 없는 미묘한 감정들이 눈빛과 표정, 그리고 고요한 숨결을 통해 오갔습니다. 할머니는 신부님의 눈빛 속에서 연민이나 동정이 아닌, 순수한 이해와 깊은 존중을 읽을 수 있었습니다. 그는 그녀를 '불쌍한 장애인'으로 보지 않았습니다. 그저 '사랑 할머니'라는 한 명의 소중한 인간으로서 바라보고 있었던 것입니다. 그의 존재는 할머니에게 부담이 아닌 안정감을 주었습니다. 그가 옆에 있으면, 할머니는 숨통이 트이는 듯한 평화로움을 느꼈습니다. 오랜 세월 스스로를 가둬왔던 불신과 불안의 껍질이, 그의 꾸준하고 변함없는 진심 앞에서 아주 서서히 녹아내리고 있었습니다.

가끔 신부님은 할머니의 휠체어를 직접 밀어 성당 마당으로 다시 데려가 주었습니다. 할머니는 성당 마당의 벤치에 앉아 햇볕을 쬐고, 스치는 바람에 몸을 맡기는 동안 신부님은 늘 그랬듯이 옆에 말없이 앉아 주었습니다. 신부님은 하늘을 가리키며

"할머니, 구름 모양이 꼭 양 같지 않습니까?"

하고 작게 속삭이거나, 땅에 핀 작은 꽃들 가리키며

"이름 모를 꽃인데 참 예쁩니다."

하고 혼잣말처럼 중얼거렸습니다. 할머니는 고개를 끄덕이거나, 작게 미소 짓는 것으로 화답했습니다. 그들은 긴 설명을 필요치 않았습니다. 그저 함께 같은 곳을 바라보고, 같은 바람을 느끼고, 같은 햇살을 받는 것만으로도 충분했습니다. 세상을 등지고 살아왔던 할머니는 신부님 덕분에 바깥세상의 소소한 아름다움을 다시 눈에 담을 수 있었고, 신부님은 할머니의 눈빛 속에서 삶의 깊은 고통과 함께 다시 살아나려는 미약한 의지를 발견했습니다.
　특히 할머니는 신부님의 손을 주목했습니다. 거칠지만 따

뜻하고, 부지런히 움직이는 그의 손은 휠체어를 고쳤고, 빵 봉투를 건넸으며, 그녀의 휠체어를 밀어주고, 때로는 힘없이 늘어진 그녀의 손 위를 잠시 포개어 잡기도 했습니다. 그 손은 언제나 따뜻하고 견고한 신뢰를 상징하는 듯했습니다. 말을 걸기보다는, 손으로 마음을 전달하는 그의 방식은 오랜 시간 침묵에 익숙해진 할머니에게 가장 편안한 소통 방식이었습니다. 그의 손길이 닿을 때마다 할머니의 마음속에서는 잔잔한 온기가 퍼져나갔고, 그 온기는 곧 견고한 유대감으로 발전했습니다.

이제 신부님의 방문은 할머니의 하루 중 가장 기다려지는 시간이 되었습니다. 그가 문을 두드리면 할머니의 얼굴에는 자신도 모르게 희미한 미소가 떠올랐고, 그가 돌아갈 때면 괜스레 마음 한편이 아련해지곤 했습니다.

이처럼 프란치스코 신부님과 사랑 할머니의 관계는 요란한 대화나 거창한 이벤트 없이, 묵묵하고 꾸준한 보살핌과 그 속에 담긴 진심으로 깊어졌습니다. 할머니는 신부님의 존재를 통해, 세상 어딘가에는 여전히 자신을 있는 그대로 받아들여주고, 따뜻하게 품어줄 사람이 있다는 희미한 희망을 품게 되었습니다.

절망과 체념으로 굳어졌던 할머니의 마음은 신부님의 변함없는 온기 속에서 조금씩 부드러워지고 있었고, 이는 곧 그녀의 삶 전체를 변할 만큼 작았지만 중요한 불씨가 되었습니다. 그녀의 얼굴에는 점차 어둠이 걷히고 희미한 빛이 드리워지기 시작했습니다.

5. 소외된 이들을 위한 '나눔의 집'

폐교 건물의 따뜻한 변화와 재탄생

프란치스코 신부님의 마음속에는 언제나 소외되고 아파하는 이웃들을 위한 따뜻한 공동체에 대한 염원이 있었습니다. 그는 말했습니다.

"하느님의 사랑은 가장 낮은 곳에, 가장 작은 이들 곁에 있습니다."

그리고 그는 그 사랑을 구체적인 공간에서 실현하고 싶었습니다. 도시 외곽의 이 마을에는 오래전 학생 수가 줄어 폐교된 초등학교 건물이 있었습니다. 한때 아이들의 웃음소리로 가득했던 이곳은, 이제는 깨진 창문과 허물어진 벽, 잡초가 무성한 운동장으로 변해 버린 채 을씨년스럽게 방치되어 있었습니다. 마을 사람들은 그곳을 지날 때마다 '귀신 나오겠다'며 발걸음을 재촉고, 누군가에게는 애틋한 추억의 장소였지만 동시에 애물단지 같은 존재였습니다.

프란치스코 신부님은 바로 그 폐교에서 희망의 가능성을 보았습니다. 낡고 흉물스럽게 변해버린 건물 속에서 그는 따뜻한 빛을 품은 보석을 찾아낸 듯했습니다. 비록 지금은 폐허 같지만, 이곳이 다시 사람의 온기로 가득 채워진다면, 그 어떤 곳보다도 깊은 의미를 지닌 공간이 될 것이라고 확신했습니다. 그는 주저 없이 교육청과 지자체 문을 두드렸고, 이곳을 노인과 장애인들을 위한 공동체 공간인 '나눔의 집'으로 활용하고 싶다는 자신의 비전을 열정적으로 설명했습니다. 처음에는 회의적인 시선도 많았습니다.

"낡은 건물을 누가 손대려고 하겠어?"

"관리가 되겠어?"

하는 걱정의 목소리도 들려왔습니다. 그러나 신부님의 꾸준하고 진심 어린 설득, 그리고 봉사에 대한 뜨거운 열정은 결국 사람들의 마음을 움직였습니다. 마침내 폐교 사용에 대한 허가가 떨어졌고, '나눔의 집'을 향한 대장정이 시작되었습니다.

가장 먼저 팔을 걷어붙인 사람은 다름 아닌 프란치스코 신부님이었습니다. 그는 주말은 물론 평일 늦은 시간까지 이곳에 매달렸습니다. 곰팡이가 피고 천장이 내려앉은 교실의 낡은 벽지를 뜯어내고, 창고처럼 쓰이던 공간에서 먼지 쌓인 책걸상을 치워냈습니다. 마루에 박힌 삐죽한 못들을 뽑아내고, 수십 년 묵은 먼지를 쓸어내는 일은 혼자서는 버거운 일이었습니다. 손과 발에는 물집이 잡히고, 온몸은 근육통에 시달렸지만, 그의 얼굴에서는 피곤한 기색보다 희망에 찬 열정이 빛났습니다. 그의 헌신적인 모습에 감동한 성당 신도들과 마을 주민들이 하나둘씩 힘을 보태기 시작했습니다. 전기 기술자는 끊어진 전선을 연결했고, 목수는 낡은 문틀을 수리했으며, 부녀회에서는 일꾼들을 위한 따뜻한 식사를 준비해 주었습니다. 모두가 자신의 재능과 시간을 아낌없이 기부하며, '나눔의 집'은 마을 전체의 염원과 사랑이 담긴 공간으로 변모하기 시작했습니다.

따뜻한 온기를 불어넣는 작업은 단순히 낡은 것을 고치는 것을 넘어섰습니다. 버려진 교실들은 각기 다른 기능을 가진 공간으로 탈바꿈했습니다. 한 교실은 따뜻한 햇살이 가득 들어오는 식당으로 꾸며졌습니다. 낡은 칠판은 지워지고, 벽에는 화사한 색의 페인트가 칠해졌으며, 크고 튼튼한 식탁과 의자들이 놓였습니다. 점심시간이면 맛있는 음식 냄새가 이곳을 가득 채우게 될 것이었습니다. 다른 교실은 작은 도서

관 겸 휴게실이 되었습니다. 창문을 크게 내어 바깥 풍경을 바라볼 수 있게 했고, 편안한 소파와 작은 책장들이 채워졌습니다. 팔다리가 불편한 이들을 위한 재활 운동실도 마련되었고, 조용히 이야기 나눌 수 있는 상담실도 꾸며졌습니다. 신부님은 특히 모두가 함께 즐길 수 있는 공간을 만드는 데 신경 썼습니다. 폐교의 운동장은 잡초를 걷어내고 작은 텃밭으로 변신했는데, 이곳에서 주민들이 함께 채소를 기르며 교감할 수 있도록 했습니다.

가장 놀라운 변화는 폐교의 분위기 자체였습니다. 과거의 어둡고 을씨년스러웠던 기운은 온데간데없고, 벽에는 밝은 색의 그림들이 걸리고, 복도에는 화분들이 놓였습니다. 오래된 나무 바닥에서는 윤이 났고, 창문으로는 햇살이 쏟아져 들어왔습니다. 퀴퀴했던 곰팡이 냄새 대신, 새 가구와 페인트 냄새, 그리고 사람들의 활기찬 웃음과 땀 냄새가 섞인 생기 넘치는 공기로 채워졌습니다. 이곳은 더 이상 잊혀진 공간이 아니었습니다. 모두의 정성과 사랑으로 새 생명을 얻은 '나눔의 집'은 지역사회와 소외된 이들을 위한 소중한 보금자리로 재탄생한 것입니다. 폐교는 과거의 상처를 치유하고 새로운 희망을 품는 장소가 되어, 프란치스코 신부님의 헌신적인 사랑이 만들어 낸 가장 아름다운 증거로 마을에 우뚝 섰습니다.

신부님의 공동체 구상 시작

프란치스코 신부님의 가슴속에는 늘 작은 불꽃이 타오르고 있었습니다. 그것은 거창한 교리나 거대한 프로젝트가 아니라, 지극히 소박하고 본질적인 질문에서 비롯된 것이었습니다. '예수님이라면 지금 이 세상에서 무엇을 하셨을까? 가장 낮은 이들에게 어떻게 다가서셨을까?' 신부님이 담당하는 이 작은 마을은 겉으로는 평온해 보였지만, 그 이면에는 사회의 급격한 변화 속에서 밀려나고 소외된 이들이 그림자처럼 존재하고 있었습니다. 몸이 불편해 집 밖으로 나오기 어려운 노인들, 홀로 병마와 싸우는 이들, 가족에게조차 외면당해 세상으로부터 고립된 장애인들. 그들은 삶의 무게에 짓눌려 절망의 깊은 수렁 속으로 가라앉고 있었지만, 세상은 그들에게

좀처럼 손을 내밀지 않았습니다.

신부님은 성당에서 미사를 드리고 교우들을 만나는 일 외에, 시간이 날 때마다 마을 곳곳을 직접 찾아다녔습니다. 그는 차가운 반지하 방을 방문해 사랑 할머니 같은 이들을 만나고, 비좁은 쪽방촌에서 외롭게 지내는 이들의 이야기에 귀 기울였습니다. 그는 그들의 메마른 눈빛과 주름진 얼굴에서 말로 다 표현할 수 없는 고통과 절망을 보았습니다. 그리고 깨달았습니다. 단순히 따뜻한 말 한마디, 작은 간식거리로는 그들의 깊은 아픔을 온전히 치유할 수 없다는 것을. 그들에게는 단순히 '도움'이 아니라, 함께 숨 쉬고, 함께 아픔을 나누며, 서로에게 기댈 수 있는 '공동체'가 필요하다는 것을요. 신부님은 교회 공동체의 본질이 사랑과 나눔, 그리고 돌봄에 있음을 누구보다 깊이 이해하고 있었습니다. 그는 성서에서 읽었던 초대 교회 공동체의 모습을 늘 마음속에 품고 있었고, 그것을 이 시대, 이 마을에서 실현하고 싶다는 강렬한 열망에 사로잡혔습니다.

신부님의 머릿속에는 구체적인 그림이 그려지기 시작했습니다. 밥을 혼자서 먹는 외로운 노인들이 함께 둘러앉아 따뜻한 한 끼를 나눌 수 있는 공간, 휠체어에 앉은 채 하루 종일 천장만 바라보던 장애인들이 바깥세상의 햇살과 바람을 맞으며 웃을 수 있는 공간, 각자의 아픔과 상처를 가진 이들이 서로를 위로하고 보듬어주며 다시 살아갈 용기를 얻을 수 있는 공간. 그는 이곳이 단순한 '복지 시설'이 아니라, 모든 이들이 인간으로서 존엄성을 회복하고, 사랑받는 존재임을 깨달을 수 있는 '가족' 같은 곳이 되기를 바랐습니다. 어쩌면 그들이 세상으로부터 외면당하며 잃어버린 '사랑'이라는 감각을 다시 찾을 수 있는 곳이 되기를 간절히 염원했습니다.

물론, 이러한 꿈을 실현하는 것은 결코 쉬운 일이 아니었습니다. 신부님은 자신의 비전을 성당의 재정위원회나 교구에 처음 설명했을 때, 몇몇은 그의 열정에 공감했지만, 대다수는 현실적인 어려움을 먼저 들었습니다.

"재정적인 문제가 너무 큽니다, 신부님",
"인력은 어떻게 충당하실 건가요?",
"벌써부터 너무 큰 그림을 그리시는 것 같습니다."

회의적인 시선과 우려의 목소리도 많았습니다. 신부님은 자신이 짊어져야 할 부담의 무게를 잘 알고 있었습니다. 하지만 그는 단 한 번도 자신의 꿈을 포기하지 않았습니다. 오히려 그러한 현실의 벽 앞에서 그의 결심은 더욱 굳건해졌습니다.

"하느님께서 길을 열어주실 겁니다. 작은 시작이라도 좋습니다. 한 걸음이라도 내딛는 것이 중요합니다."

그는 기도 속에서 확신을 얻었고, 자신이 먼저 희생하고 헌신함으로써 그 길이 열릴 것이라고 믿었습니다.

신부님은 자신의 비전을 실현하기 위한 첫 단계로 적합한 장소를 물색하기 시작했습니다. 처음에는 마을회관이나 기존 성당 건물의 일부를 활용할까도 생각했지만, 그는 보다 독립적이고 아늑하며, 소외된 이웃들이 자유롭게 오갈 수 있는 공간이 필요하다고 판단했습니다. 여러 곳을 물색하던 중, 그의 눈에 들어온 것이 바로 마을 변두리에 버려져 있던 낡은 폐교 건물이었습니다. 오랜 세월 방치되어 을씨년스럽기까지 한 그곳을 본 사람들은 모두 고개를 저었지만, 프란치스코 신부님의 눈에는 그곳이 단순한 폐허가 아닌, 무한한 가능성을 지닌 축복의 장소로 보였습니다. 한때 아이들의 웃음소리로 가득했던 곳이니, 다시 사람들의 온기로 채워질 수 있을 것이라는 믿음이 있었습니다.

그의 공동체 구상은 이렇게 시작되었습니다. 세상의 시선으로는 보잘것없는 폐교에서 시작되는 작은 꿈. 그러나 그 안에는 프란치스코 신부님의 지극한 사랑과 이웃을 향한 뜨거운 헌신, 그리고 소외된 모든 영혼에게 희망을 선물하고 싶은 간절한 기도가 담겨 있었습니다. 이제 그는 이 낡은 건물을 따뜻한 사랑과 치유의 공간인 '나눔의 집'으로 변화시키기 위한 구체적인 계획을 세우기 시작했습니다. 그 첫발을 내딛는 그의 등은 지치지 않는 열정으로 가득 차 있었습니다.

소외된 이웃을 향한 헌신적 봉사

'나눔의 집'이 따뜻한 사랑과 헌신으로 자탄생한 후, 프란치스코 신부님의 봉사는 더욱 구체적이고 일상적인 모습으로 마을에 스며들었습니다. 그는 이 공간이 단순히 '보호소'나 '시설'이 아니라, 가족의 품처럼 따뜻하고 모두가 존중받는 '집'이 되기를 진심으로 바랐습니다. 신부님의 하루는 이른 새벽부터 시작되었습니다. 가장 먼저 '나눔의 집'으로 향해 구석구석을 살피고, 전날 밤 혹시나 불편한 점은 없었는지 확인하는 것이 그의 일과였습니다. 그는 호려한 제의 대신 늘 간소한 옷차림으로, 궂은일도 마다하지 않고 솔선수범했습니다.

'나눔의 집'은 신부님의 손에서 단순한 건물 이상의 의미를 가지게 되었습니다. 그는 매일 아침 직접 식재료를 확인하고, 때로는 시장 상인들과 흥정하며 신선한 재료를 구해왔습니다. 직접 식사를 준비하는 일도 다반사였습니다. 뜨거운 불 앞에서 국을 끓이고 반찬을 만들며, 혹여 불편한 어르신들이 먹기에 부드러운지, 소화가 잘되는지 세심하게 살폈습니다. 단순한 끼니 제공을 넘어, '집밥'처럼 따뜻한 온기가 담긴 식사를 대접하는 것이 그의 봉사 철학이었습니다. 점심시간이 되면 마을 곳곳에서 발걸음이 느린 노인들이나 휠체어를 탄 장애인들이 삼삼오오 '나눔의 집'으로 모여들었습니다. 신부님은 모두의 얼굴에 미소를 띠고 인사를 건넸고, 불편한 이들은 직접 식판을 날라주고 수저를 놓아주며 정성껏 보살폈습니다. 왁자지껄한 대화와 웃음소리로 가득 찬 식사 시간은, 소외되었던 이들에게 가장 행복한 순간이었습니다.

식사 후에는 다양한 활동들이 이어졌습니다. 신부님은 단순히 활동을 계획하는 것에 그치지 않았습니다. 그는 직접 그들과 함께 노래를 부르고, 간단한 운동을 지도하며 몸을 움직이도록 도왔습니다. 손동작이 어려운 어르신들을 위해 종이접기를 함께 하거나, 눈이 침침한 이들을 위해 그림책을 읽어주기도 했습니다. 가끔은 자신의 기타를 꺼내 조용한 찬양을 들려주기도 했는데, 그의 투박하지만 진심어린 음성은 사람들의 마음을 잔잔하게 울렸습니다. 그는 누구보다 소통을 중요하게 생각했습니다. 앉아서 설교를 늘어놓는 대신, 그들의 눈높이에 맞춰 무릎을 꿇고 이야기를 들어주었습니다. 그들의 시시콜콜한 일상 이야기부터, 마음속 깊이 숨겨두었던 아픔과 한탄까지, 신부님은 어떤 이야기든 경청했습니다. 그의 눈빛은 언제나 따뜻한 공감으로 빛났습니다.

특히 신부님은 '찾아가는 봉사'를 게을리하지 않았습니다. 몸이 아파 '나눔의 집'까지 찾아오기 어려운 이들을 위해서는 직접 발걸음했습니다. 때로는 사랑 할머니처럼 휠체어가 고장 난 이들을 찾아가 고쳐주기도 하고, 말벗이 필요한 노인들의 집에 들러 차 한 잔을 나누며 외로움을 달래주었습니다. 거동이 힘든 이들의 손톱을 직접 깎아주거나, 엉킨 머리카락을 빗겨주는 등 아주 작은 손길 하나하나에도 정성을 다했습니다. 그의 손은 늘 투박하고 거칠었지만, 그 속에는 따뜻한 사랑과 헌신이 가득했습니다. 어떤 이들은

"신부님은 우리 자식보다 더 낫다"

라고 하면서 눈물을 글썽이기도 했습니다. 그는 단순히 종교적인 지도자가 아니라, 그들의 삶에 가장 가까이에서 공감하고 아픔을 함께 나누는 진정한 '아버지'이자 '친구'였습니다.

신부님의 헌신은 종종 한계를 시험하기도 했습니다. 한밤

중에 몸이 불편한 이가 응급 상황으로 병원에 가야 할 때면, 그는 망설임 없이 자신의 차를 몰고 달려갔습니다. 때로는 몸이 아픈 이들의 곁에서 밤을 새우기도 했고, 자신의 식사를 거르거나 잠을 줄이는 일도 비일비재했습니다. 그러나 그는 단 한 번도 불평하지 않았습니다. 오히려 그들의 작은 미소 하나, 나아지는 모습 하나에 큰 기쁨과 보람을 느꼈습니다. 그의 헌신은 대가를 바라지 않는 순수한 사랑에서 우러나온 것이었습니다. 그의 이러한 변함없는 봉사는 '나눔의 집'을 찾은 이들에게, 그리고 마을 사람들에게 큰 울림을 주었습니다. 소외되고 버려졌다고 느꼈던 이들은 신부님의 진심 어린 보살핌 속에서 비로소 자신이 소중한 존재임을 깨닫고, 다시 살아갈 힘과 용기를 얻게 되었습니다. 프란치스코 신부님의 헌신적인 봉사는 '나눔의 집'의 존재 이유이자, 마을에 흐르는 따뜻한 사랑의 근원이었습니다.

6. '나눔의 집'에서 다시 찾은 온기

무관심에서 점차 마음 여는 할머니

　프란치스코 신부님의 꾸준한 방문과 성당 마당에서의 경험은 사랑 할머니의 반지하 방에 작은 햇살을 드리웠지만, 그녀의 마음 깊숙이 박힌 수십 년간의 불신과 무관심은 여전히 견고한 장벽으로 남아 있었습니다. 신부님은 매번 '나눔의 집' 이야기를 꺼냈습니다.

　"할머니, '나눔의 집'에 오시면 할머니와 비슷한 분들이 많이 계세요. 함께 이야기도 나누고 따뜻한 밥도 드실 수 있습니다."

　그의 목소리에는 권유와 기다림이 동시에 담겨 있었지만,

할머니는 고개를 젓기 일쑤였습니다.

'또 사람들에게 내 불쌍한 모습을 보여줘야 한다고? 나는 그저 조용히 혼자 있고 싶다.'

그녀의 마음속에는 여전히 세상에 대한 두려움과 회의감이 가득했습니다. 할머니는 오랫동안 스스로를 세상과 분리하며 살아왔습니다. 타인의 시선은 언제나 그녀에게 칼날 같았고, 동정의 눈빛은 그녀의 자존심을 갉아먹는 독과 같았습니다. '나눔의 집' 가면 또다시 타인의 시선에 노출될 것이고, 자신의 초라한 현실을 마주해야 할 것이라는 생각에 몸서리쳤습니다. 새로운 관계를 시작하는 것은 더더욱 두려웠습니다. 애써 마음을 열었다가 또다시 상처받을지도 모른다는 불안감이 그녀를 짓눌렀습니다. 그녀는 스스로를 완벽하게 고립시키는 것이 가장 안전한 방법이라고 굳게 믿어왔습니다. 그래서 신부님의 제안에도 늘 무심한 듯 고가를 돌리거나, 듣지 못했다는 듯 침묵으로 일관했습니다.

그러나 신부님은 포기하지 않았습니다. 그는 할머니의 마음을 강요하지 않았습니다. 대신, 다음 방문 때면 '나눔의 집'에서 어르신들이 함께 만든 꽃다발을 가져다주거나, 함께 웃고 있는 사람들의 사진을 슬쩍 보여주곤 했습니다.

"어르신, 오늘은 '나눔의 집'에서 그림 그리기 시간을 가졌어요. 이 할아버님은 서투르시지만 참 멋진 그림을 그리셨죠."

신부님의 이야기는 마치 다른 세상의 이야기 같았지만, 동시에 할머니의 마음에 알 수 없는 궁금증과 호기심을 불러일으켰습니다. '그곳에서는 정말 사람들이 함께 웃고 지내는 걸까?', '나처럼 불편한 사람들도 그곳에서 편안하게 지낼 수 있을까?' 무관심 속에 감춰져 있던 작은 궁금증들이 그녀의 마음속에서 조용히 움트기 시작했습니다.
어느 날, 할머니는 신부님이 가져온 빵을 먹으며 물었습니다.

"그, 그곳에는... 나처럼 몸이 불편한 사람들도 많이 있습니까?"

할머니의 입에서 먼저 질문이 나오자 신부님의 얼굴에는 환한 미소가 피어났습니다.

"네, 할머니. 할머니보다 더 불편한 분들도 계시고, 또 할머니와 비슷한 어려움을 겪으신 분들도 계십니다. 하지만 그곳에서는 누구도 혼자가 아닙니다. 서로가 서로의 친구가 되어주고, 가족이 되어줍니다."

　신부님의 진심 어린 답변은 할머니의 굳은 마음에 작은 균열을 만들었습니다. 그리고 드디어 할머니는 결심했습니다. '단 한 번만 가보자. 견딜 수 없으면 다시 오지 않으면 되지.'

　마침내 사랑 할머니는 프란치스코 신부님의 도움을 받아 '나눔의 집'으로 향했습니다. 문턱을 넘어서는 순간, 그녀의 눈에 들어온 것은 낡은 폐교가 아닌, 따뜻한 온기가 가득한 공간이었습니다. 활기찬 웃음소리, 은은한 음악 소리, 그리고 고소한 음식 냄새가 그녀의 후각을 자극했습니다. 마당에서는 누군가 휠체어를 탄 채 꽃을 가꾸고 있었고, 창가에서는 몇몇 노인들이 삼삼오오 모여 이야기를 나누고 있었습니다. 이 모든 풍경은 할머니가 상상했던 '소외된 이들의 모임'과는 너무도 달랐습니다. 그곳에는 절망과 어둠 대신, 따뜻한 활력과 생기가 넘쳐났습니다.

　신부님은 할머니를 식당으로 안내했습니다. 그곳에는 이미 많은 사람들이 식사를 하거나 이야기를 나누고 있었습니다. 할머니는 익숙하지 않은 사람들의 시선을 애써 피하며 구석 자리에 앉았습니다. 하지만 그 누구도 그녀를 이상하게 쳐다보지 않았습니다. 오히려 몇몇 사람들은

"어서 오세요, 할머니!"

라며 따뜻한 인사를 건넸고, 어떤 이는 반갑다는 듯 미소 지어 보였습니다. 그들의 눈빛에는 동정이나 연민 대신, 따뜻한 환영과 공감이 담겨 있었습니다. 할머니는 어색했지만, 조금씩 주변을 둘러보며 그들의 모습을 관찰하기 시작했습니다. 휠체어를 탄 할아버지, 지팡이에 의지한 채 더듬더듬 걷는 할머니, 앞을 잘 보지 못하지만 환하게 웃는 아저씨. 그들은 모두 그녀와 비슷한 아픔을 가지고 있었지만, 누구 하나 절망에 갇혀 있지 않았습니다. 서로에게 기대어 이야기하고, 작은 농담에도 크게 웃고 있었습니다. 그녀가 그토록 갈망했던 '인간적인 온기'가 이곳에 살아 숨 쉬고 있었습니다. 그녀의 마음속 얼음은 아주 미약하지만, 분명하게 녹아내리기 시작했습니다. 무관심의 장벽 너머로, 다시 세상과 연결되고 싶은 작은 갈망이 고개를 들기 시작했습니다.

비슷한 아픔을 가진 이들과의 조우

'나눔의 집'의 문턱을 넘어섰을 때, 사랑 할머니는 자신을 덮치던 외부 세상에 대한 두려움이 사르르 녹아내리는 것을 느꼈습니다. 그녀의 눈에 들어온 것은 처참했던 폐교의 모습이 아닌, 따뜻한 색감으로 꾸며진 벽과 활기찬 웃음소리로 가득 찬 식당이었습니다. 고소한 음식 냄새가 코끝을 간지럽혔고, 왁자지껄한 사람들의 대화 소리가 그녀의 메마른 귀를 자극했습니다. 이곳에는 그녀가 오랫동안 잊고 지냈던, '사람 사는 냄새'가 가득했습니다.

할머니는 프란치스코 신부님이 안내하는 구석진 자리에 휠체어를 대고 앉았습니다. 본능적으로 시선을 피하며 주변 사람들을 살폈습니다. 그들의 표정에는 사랑 할머니가 예상했던 절망이나 고통의 그림자가 없었습니다. 대신 밝은 기색과 생기가 감돌았습니다. 앞을 볼 수 없는 듯 지팡이를 짚은 채 누군가의 손을 잡고 조심스럽게 걸어오는 백발의 할머니, 휠체어를 탄 채 환하게 웃으며 식사를 하는 중년의 남성, 그리고 한쪽 팔이 불편해 보이는데도 다른 한 손으로 능숙하게 수저질을 하는 아주머니까지. 그들은 모두 크고 작은 신체적 불편함을 가지고 있었습니다. 그러나 그들의 눈빛에는 빛이 있었고, 얼굴에는 미소가 번졌습니다. 마치 상처가 서로의 연결고리가 되어 더 깊은 유대감을 형성하는 듯했습니다.

 사랑 할머니는 그들의 모습을 보며 충격을 받았습니다. '나와 같은 사람들인데, 왜 저들은 저토록 해맑게 웃을 수 있지? 왜 나만 이렇게 홀로 절망에 갇혀 살아왔을까?' 그녀는 지난 수십 년간 자신이 세상에 '버려졌다'고 생각하며, 자신의 불편한 몸을 끊임없이 부끄러워했습니다. 타인의 동정과 연민을 경멸했고, 타인의 시선은 언제나 자신을 판단하고 비웃는다고 여겼습니다. 그러나 이곳 '나눔의 집'에서는 달랐습니다. 아무도 그녀를 특별한 시선으로 바라보지 않았습니다. 그들은 그저 사랑 할머니를 '새로 온 할머니'로 받아들였습니다. 따뜻하게 "어서 오세요, 할머니"라고 인사를 건네거나, 먼저 수줍게 미소 지어주는 모습에 할머니의 굳건한 방어막이 조금씩 흔들리기 시작했습니다.

점심 식사 시간, 신부님이 가져다준 따뜻한 식판을 앞에 두고 할머니는 머뭇거렸습니다. 밥 한술 뜨기가 그렇게나 힘든 일이었습니다. 그때 옆자리에 앉은, 다리가 불편한 듯 지팡이에 의지한 한 할머니가 빙긋 웃으며 말을 걸었습니다. "할머니, 처음 오셨나 봐요? 여기 음식 참 맛있어요. 신부님이 직접 챙기시는 거라네." 그 할머니의 얼굴에는 삶의 고단함이 역력했지만, 눈은 여전히 맑고 따뜻했습니다. 사랑 할머니는 그 따뜻한 말 한마디에 저도 모르게 고개를 끄덕였습니다. 이어서 맞은편에 앉은, 한쪽 시력을 잃은 듯한 눈을 가진 할아버지도

"여기는 천국이야, 할머니. 따뜻하고 배부르고. 혼자가 아니라는 게 가장 좋지."

  라며 나지막이 덧붙였습니다. 그들의 말 한마디 한마디에는 삶의 무게를 견뎌낸 지혜와 서로를 향한 진심 어린 위로가 담겨 있었습니다.
  그날 오후, 식사를 마친 사람들은 휴게실에 모여 앉아 두런두런 이야기를 나누거나, 작은 텃밭으로 나가 햇살을 쬐며 채소를 돌보기도 했습니다. 사랑 할머니는 휠체어에 앉은 채 그들의 모습을 지켜보았습니다. 한쪽에서는 트로트 음악이

흘러나오고, 그에 맞춰 몸이 불편한데도 발을 까딱이며 흥얼거리는 이들이 있었습니다. 다른 한쪽에서는 돋보기 너머로 신문 기사를 읽어주며 시끄럽게 정치 이야기를 논하는 할아버지들도 보였습니다. 이 모든 풍경은 할머니가 오랫동안 잊고 지냈던 '삶의 활기' 그 자체였습니다. 그들은 결코 자신들의 아픔을 숨기려 하지 않았습니다. 오히려 그 아픔을 공유하고 서로를 지지하며 더욱 끈끈한 유대감을 만들어가고 있었습니다. 서로의 휠체어를 밀어주고, 보이지 않는 눈 대신 주변을 설명해주며, 떨리는 손으로 따뜻한 차 한 잔을 건네는 작은 몸짓 하나하나에서 진정한 연대와 배려가 묻어났습니다.

사랑 할머니는 처음으로 '아픔이 나만의 것이 아니다'라는 깊은 위안을 얻었습니다. 이 사람들은 그녀와 비슷한 아픔을 가지고 있었지만, 그 아픔 속에서도 삶의 기쁨을 찾고 서로에게 기대어 일어서는 법을 알고 있었습니다. 오랜 시간 그녀를 짓눌렀던 외로움의 짐이 이들을 만나면서 조금씩 가벼워지는 듯했습니다. 그녀의 마음속에는 마치 오래된 얼음벽이 녹아내리듯, 잊고 지냈던 감정의 온기가 서서히 차오르기 시작했습니다. 그들의 밝은 웃음소리가 그녀의 귀를 채우고, 그들의 따뜻한 눈빛이 그녀의 마음을 녹였습니다. 사랑 할머니는 자신이 드디어 '홀로'가 아니라는 사실을 깨달았습니다.

이곳은 그녀가 오랫동안 꿈꿔왔던, 혹은 감히 꿈꿀 수조차 없었던, '함께' 살아가는 공간이었습니다. 이곳 '나눔의 집'에서 그녀는 육체적 불편함을 넘어서는, 진정한 온정을 다시 찾았습니다.

서로를 보듬는 공동체의 힘

사랑 할머니는 '나눔의 집'에서 자신의 세계가 완전히 뒤바뀌는 경험을 했습니다. 수십 년간 겪었던 외로움과 고립은 이 따뜻한 공동체 안에서 서서히 옅어져 갔습니다. 이곳의 사람들은 모두 크고 작은 아픔을 가지고 있었지만, 그 아픔을 숨기거나 부끄러워하지 않았습니다. 오히려 그 아픔을 드러내고 서로에게 기댐으로써 새로운 힘을 얻고 있었습니다. 눈이 불편한 '정 할머니'는 옆자리 '박 할아버지'의 도움을 받아 점자 책을 읽었고, 거동이 불편한 '이 아저씨'는 휠체어를 밀어주는 '김 아주머니' 덕분에 성당 마당 산책을 할 수 있었습니다. 이곳에서는 그 어떤 누구도 '혼자'가 아니었습니다.

처음에는 어색하고 낯설었던 사랑 할머니도 점차 공동체의 일원이 되어갔습니다. 그녀는 휠체어에 앉아 다른 이들이 하는 활동을 조용히 지켜보곤 했습니다. 함께 식사하고, 차를 마시고, 때로는 신부님이 들려주는 성서 이야기를 듣기도 했습니다. 이곳에서의 시간은 반지하 방에서의 그것과는 차원이 달랐습니다. 그곳에서의 시간은 그저 흘러가는 무의미한 흐름이었지만, 이곳에서의 시간은 생생한 삶의 리듬으로 가득했습니다. 웃음소리가 터져 나왔다가도, 누군가 고단한 이야기를 꺼내면 숙연해지기도 했습니다. 기쁨과 슬픔, 고통과 위로가 뒤섞이며 그들의 삶은 더욱 풍성해졌습니다.

특히 사랑 할머니의 마음을 움직인 것은 그들의 서로를 향한 배려와 이해심이었습니다. '나눔의 집'의 식당에는 휠체어를 탄 이들을 위한 낮은 식탁이 마련되어 있었고, 모든 통로는 휠체어가 쉽게 드나들 수 있도록 넓게 설계되어 있었습니다. 이는 단순히 시설적인 배려를 넘어, '함께 살아간다'는 공동체의 깊은 철학을 반영하는 것이었습니다. 누군가 음식을 흘리면 옆 사람이 재빨리 휴지를 건네주었고, 불편한 자세로 힘들어하는 이가 보이면 누군가 다가와 자세를 고쳐주었습니다. 말로 하지 않아도 서로의 어려움을 알아차리고, 기꺼이 손을 내미는 그들의 모습은 할머니의 굳은 마음에 잔잔한 감동을 선사했습니다. 이곳에서는 아무도 '짐'이 아니었습니다. 모두가 서로에게 꼭 필요한 존재였습니다.

시간이 흐르면서 사랑 할머니도 '나눔의 집' 사람들에게 마음을 열기 시작했습니다. 점심 식사 시간에는 먼저

"식사 맛있게 하세요"

하고 작은 인사를 건넬 수 있게 되었고, 오후 활동 시간에는 다른 어르신들의 이야기를 조용히 듣는 데서 그치지 않고, 가끔은 자신의 경험을 보태어 짧은 한두 마디를 건넬 용기도 생겼습니다. 어느 날, 젊은 시절 이야기를 나누는 시간에 한 할아버지가 시력을 잃은 후의 막막함에 대해 이야기하자, 사랑 할머니는 자신도 사고 후 삶의 모든 희망을 잃었던 때가 있었다며 작은 위로를 건넸습니다. 누군가에게 자신의 아픔을 직접적으로 이야기한 것은 수십 년 만에 처음 있는 일이었습니다. 그 말 한마디가 목 안에서 따뜻하게 울려 퍼지는 것을 느꼈습니다.

프란치스코 신부님은 늘 그들 사이를 오가며 공동체의 중심을 잡아주었습니다. 그는 특정한 규칙이나 강요 없이, 그저 자연스럽게 서로를 배려하고 존중하는 분위기를 만들어 냈습니다. 때로는 재밌는 이야기를 해주며 분위기를 북돋웠고, 때로는 슬픔에 잠긴 이의 어깨를 말없이 토닥여 주었습니다. 신부님은 이곳의 모든 사람들이 각자의 방식으로 빛날 수 있도록 지지하고 격려했습니다. 그들의 작고 보잘것없는 능력

이라도 기꺼이 인정하고 칭찬해주었습니다. 이러한 신부님의 리더십 아래, '나눔의 집'은 단순한 보호시설을 넘어, 진정한 '가족' 같은 공동체로 성장했습니다.

  이 공동체 안에서 사랑 할머니는 비로소 '나는 버려진 존재가 아니다'라는 확신을 가지게 되었습니다. 이곳의 사람들은 그녀의 장애를 보지 않고, 그녀 안에 숨겨진 삶의 지혜와 온기를 보아주었습니다. 서로의 약점을 감싸주고, 강점을 북돋아주는 이들의 모습 속에서, 할머니는 자신이 혼자가 아니라는 것을 온몸으로 느끼게 되었습니다. 외로움과 고통, 무력감에 찌들어 있던 그녀의 마음에 따뜻한 온기가 차오르기 시작했습니다. 그녀의 삶에 다시 의미와 희망이 싹트는 순간이었습니다. 이곳 '나눔의 집'은 단순히 휠체어를 움직이는 육체적 자유를 넘어, 닫혀 있던 할머니의 마음을 열고 진정한 정신적 자유와 따뜻한 인간적 연결을 선사하는 마법 같은 공간이었습니다.

7. 아픔을 나누고 치유받는 시간

가르침 없는 공감과 존재만으로 위로

'나눔의 집'에서의 시간은 사랑 할머니에게 새로운 깨달음의 연속이었습니다. 이곳은 프란치스코 신부님의 깊은 신념 아래 운영되고 있었습니다. 신부님은 단 한 번도 그 누구에게도 교리나 종교적인 가르침을 강요하지 않았습니다. 미사를 드리고 싶어 하는 이들을 위해 성당 문을 열어두기는 했지만, 그 외의 시간은 철저히 개개인의 마음을 보듬고 어루만지는 데 집중했습니다. '나눔의 집'에서의 치유는 거창한 설교나 번지르르한 이론에서 오는 것이 아니었습니다. 그것은 '가르침 없는 공감', 그리고 '존재만으로 위로'하는 따뜻한 분위기 속에서 조용히 스며들듯 이루어졌습니다.

프란치스코 신부님은 말없이 듣는 이였습니다. '나눔의 집'

사람들은 때때로 자신의 지난 아픔이나 힘든 현실을 토로하곤 했습니다. 사랑 할머니처럼 젊은 시절 불의의 사고로 장애를 얻은 이들, 가족의 외면으로 고통받는 노인들, 홀로 병마와 싸우는 이들까지. 그들의 이야기는 저마다 달랐지만, 그 깊은 상실감과 외로움은 놀랍도록 닮아 있었습니다. 신부님은 그 모든 이야기를 그저 묵묵히 들어주었습니다. 중간에 끊지도 않았고, 섣부른 충고나 판단을 내리지도 않았습니다. 그는 그저 고개를 끄덕이거나, 상대방의 눈을 따뜻하게 마주 보는 것만으로 충분하다는 듯, 그들의 아픔을 오롯이 자신의 가슴에 담아냈습니다. 그의 온화한 눈빛 속에서 사람들은 자신이 혼자가 아님을, 자신의 고통이 이해받고 있음을 느끼는 듯했습니다. 그 침묵 속의 공감은 어떤 격려의 말보다도 강력한 위로가 되었습니다.

사랑 할머니 또한 이러한 분위기 속에서 서서히 변화했습니다. 그녀는 처음에는 자신보다 더 큰 아픔을 가진 이들의 이야기에 조용히 귀 기울였습니다. 자신과 비슷한 휠체어를 탄 채 살아온 세월을 담담하게 이야기하는 이웃 할머니, 오랜 병으로 시력을 잃었지만, 작은 라디오 소리에 웃음을 터뜨리는 할아버지. 그들의 모습은 할머니에게 깊은 울림을 주었습니다. '나만 힘든 것이 아니었구나.'라는 깨달음과 함께, 다른 이들의 고통을 보며 자신의 아픔을 객관적으로 바라볼 수 있는 작은 여유가 생겼습니다. 그들의 이야기는 거울처럼 할머니 자신의 아픔을 비추었지만, 동시에 그들이 아픔을 극복해가는 방식은 할머니에게 작은 희망의 등불이 되어주었습니다.

신부님은 '나눔의 집'을 찾은 이들이 서로에게 기댈 수 있는 환경을 만들었습니다. 예를 들어, 휠체어를 밀어주거나 식사 시 반찬을 덜어주는 등 물리적인 도움을 넘어, 서로의 감정을 공유하고 지지하는 관계가 자연스럽게 형성되도록 했습니다. 시력이 좋지 않은 할머니에게 신문을 읽어주는 대신, 할머니가 직접 손으로 글자를 만지며 '점자'를 배울 수 있도록 돕거나, 움직임이 어려운 분이 그림을 그리고 싶어 할 때 붓을 쥐여주고 손을 함께 움직여주는 식으로, 각자의 방식으로 서로의 부족함을 채워주었습니다. 이러한 '함께함'은 그들의 존재 자체만으로도 서로에게 큰 위로가 되었습니다. 그들은 각자가 가진 아픔의 조각들을 맞춰 서로의 삶을 지탱하는 퍼즐이 되어갔습니다.

사랑 할머니는 그런 모습을 보며 생전 처음으로 '나는 짐이 아니다'라는 인식을 넘어 '나는 다른 사람에게 도움을 줄 수 있는 존재다'라는 작은 희망을 품게 되었습니다. 때로는 손짓으로 옆자리 어르신의 물컵이 비어있는 것을 신부님에게 알려주기도 했고, 다른 이가 자신의 어린 시절 이야기를 할

때 고개를 끄덕이며 작은 공감을 표했습니다. 그녀의 이러한 작은 반응은 '나눔의 집' 사람들에게는 이미 큰 변화로 느껴졌습니다. 신부님은 할머니의 이러한 작은 시도 하나하나를 놓치지 않고 따뜻한 미소로 격려해 주었습니다.

"사랑 할머니, 정말 잘하셨어요. 할머니의 말씀 한마디가 저 할머님께는 큰 위로가 되었을 거예요."

이곳에서의 치유는 마법처럼 단숨에 이루어지는 것이 아니었습니다. 그것은 매일매일 이어지는 따뜻한 식사, 함께 쬐는 햇살, 말없이 건네는 눈빛, 그리고 그 모든 순간에 함께 존재하는 프란치스코 신부님의 묵묵한 보살핌을 통해 점차 쌓여갔습니다. 할머니의 굳게 닫혔던 마음속 깊은 상처들도, 더 이상 홀로 감당해야 할 것이 아니라 함께 나눌 수 있는 것이라는 믿음이 생겨나면서 서서히 아물기 시작했습니다. 그녀는 이제 더 이상 외면당할 것을 두려워하지 않았습니다. 이곳에서는 모든 아픔이 이해받고, 모든 존재가 존중받는다는 것을 온몸으로 느끼게 되었기 때문입니다. '나눔의 집'은 사랑 할머니에게 단순한 물리적 공간이 아니라, 아픔에서도 존재 자체만으로도 빛을 발하며 서로를 치유하는 기적의 공동체였습니다.

수십 년 억눌렀던 아픔의 토로

'나눔의 집'에서의 생활은 사랑 할머니의 메마른 마음에 조심스럽게 물을 주기 시작했습니다. 이곳의 사람들은 할머니의 불편한 몸을 이상하게 여기거나, 불쌍한 시선으로 바라보지 않았습니다. 오히려 그들의 따뜻한 눈빛은 '당신은 그 자체로 소중하다'는 무언의 메시지를 전해주었습니다. 특히 프란치스코 신부님은 늘 그 자리에서 변함없는 믿음과 기다림으로 할머니 곁을 지켰습니다. 그는 할머니가 말을 꺼낼 때까지 재촉하지 않았고, 그저 묵묵히 그녀의 모든 것을 받아들일 준비가 되어 있다는 듯 따뜻한 시선만을 건넸습니다. 그 변함없는 신뢰 속에서, 할머니의 굳게 닫혔던 마음의 자물쇠는 아주 서서히 풀리기 시작했습니다.

어느 비가 그친 맑은 오후였습니다. '나눔의 집'의 식당 한 구석에서 식사를 마친 사랑 할머니와 프란치스코 신부님은 나란히 앉아 창밖으로 흐르는 햇살을 바라보고 있었습니다. 평소처럼 특별한 대화 없이, 그저 서로의 존재를 느끼는 침묵이었습니다. 하지만 그날따라 할머니의 마음속에서는 지난 세월의 응어리가 거세게 밀려왔습니다. 옆자리 이 할머니의 시력 저하 이야기를 듣고, 다른 할아버지의 외로움 토로를 들으면서 '나는 그래도 덜 힘들었던 것 같아' 하는 작은 위안이 들었지만, 동시에 '과연 내가 그럴까?' 하는 본질적인 질문이 마음을 헤집어 놓았습니다. 자신이 겪은 아픔도 결코 작지 않았다는 것을, 그리고 그 아픔을 누군가에게는 이야기하고 싶다는 충동이 억누르기 힘들어졌습니다.

할머니는 쥐고 있던 찻잔을 내려놓고 신부님 쪽으로 시선을 돌렸습니다. 수십 년간 굳게 닫혀 있던 입술이 파르르 떨렸습니다. 할머니의 눈빛은 불안정했고, 손은 찻잔 손잡이를 꽉 쥔 채 하얗게 질려 있었습니다. 마치 과거의 고통스러운 순간으로 돌아간 듯한 표정이었습니다. 신부님은 그런 할머니를 알아차린 듯, 고요히 할머니의 손 위로 자신의 따뜻한 손을 포갰습니다.

"할머니, 괜찮으세요? 어디 불편한 곳이라도 있으십니까?"

신부님의 나지막한 목소리에 할머니의 눈에서 갑자기 뜨거운 눈물이 흘러내렸습니다. 메마른 줄 알았던 눈물샘이 거짓말처럼 터져 버린 것입니다.

"신부님... 저... 제가 사실은..."

할머니의 목소리는 너무나 가늘고 떨려서, 마치 언제 끊어질지 모르는 실오라기 같았습니다. 그녀는 말을 시작하는 것조차 힘들어 보였습니다. 심장이 미친 듯이 요동치고, 억지로라도 눌러두었던 과거의 고통들이 한꺼번에 밀려오는 듯 숨이 가빴습니다. 하지만 신부님은 아무것도 재촉하지 않았습니다. 그저 할머니의 손을 놓지 않은 채, 말없이 그녀의 눈물을 닦아주며 기다려주었습니다. 그의 변함없는 기다림과 믿음이 할머니에게 용기를 주었습니다.

할머니는 마침내 수십 년간 가슴속에 묻어두었던 이야기를 토해내기 시작했습니다. 처음에는 단어 하나하나를 겨우 짜내는 듯한 목소리였습니다.

"제가, 제가 스물넷에요... 교통사고가 났어요... 갑자기, 정말 갑자기... 두 다리가..."

그녀는 말을 잇지 못하고 흐느꼈습니다. 신부님은 고통스러워하는 할머니의 어깨를 조용히 토닥여주었습니다. 할머니의 이야기는 끊임없이 이어졌습니다. 사고의 끔찍했던 순간, 병상에 누워 절망했던 나날, 그리고 가장 사랑했던 남편의 차가운 외면과 '당신 때문에 내 인생 망쳤어!'라는 저주의 말. 자식들의 점차 멀어져 가는 뒷모습, 결국 홀로 남겨졌던 반지하 방의 고독. 세상 사람들의 동정과 경멸이 뒤섞인 시선 속에서 느꼈던 수치심과 죄책감까지. 그녀는 자신의 인생을 송두리째 짓눌렀던 모든 아픔들을 한 치의 거짓 없이 쏟아냈습니다.

프란치스코 신부님은 할머니의 고든 이야기를 묵묵히, 그리고 진심으로 경청했습니다. 그의 얼굴에는 아픔에 대한 공감과 슬픔이 스쳐 지나갔지만, 결코 판단하거나 비난하는 기색은 없었습니다. 그저 할머니의 고통을 있는 그대로 받아들이는 듯한 깊은 이해심만이 가득했습니다. 할머니의 말을 끊지 않고, 단 한 번의 눈빛조차 흐트러뜨리지 않고, 마치 자신의 아픔인 양 귀 기울여 들었습니다. 그는 가끔 할머니의 손을 더욱 따뜻하게 감싸 안거나,

"괜찮습니다, 할머니. 힘내세요."

라고 나지막이 속삭여주었습니다. 그 침묵 속의 지지와 따

뜻한 격려가 할머니에게는 마치 수십 년 묵은 한을 풀어내는 해방감으로 다가왔습니다.

모든 이야기를 마치자, 할머니의 몸은 기진맥진했지만, 그녀의 마음속은 거짓말처럼 가벼워진 것을 느꼈습니다. 수십 년간 짊어졌던 무거운 짐을 드디어 내려놓은 듯했습니다.

"제가, 제가 그동안 이 모든 게 다 제 탓인 줄 알았습니다. 제가 잘못해서, 제가 짐이 돼서... 그래서 저만 아프고 저만 힘들어야 한다고..."

할머니의 떨리는 목소리에는 이제야 깨달았다는 안도감이 서려 있었습니다. 신부님은 그런 할머니의 손을 더욱 따뜻하게 잡으며, 그의 가장 진심이 담긴 목소리로 말했습니다.

"할머니, 괜찮습니다. 할머니의 잘못이 아닙니다. 할머니는 그저 아팠을 뿐이에요. 그리고 그 아픔을 누구보다 잘 견뎌오셨습니다. 정말 고생 많으셨습니다."

그 한마디는 할머니의 얼어붙은 심장을 따뜻하게 감싸 안았고, 수십 년간 맺혔던 죄책감의 응어리를 한순간에 풀어주는 듯했습니다. 그녀는 비로소 자신이 스스로에게 내렸던 가혹한 판결로부터 해방되는 것을 느꼈습니다. 이 순간은 단순한 고백이 아니라, 사랑 할머니가 자신의 가픔을 온전히 마주하고 치유를 향한 첫 발걸음을 내딛는 가장 중요하고 감동적인 순간이었습니다.

'할머니 잘못이 아닙니다' 진심의 위로

사랑 할머니는 모든 이야기를 마쳤습니다. 수십 년간 자신을 갉아먹었던 고통의 파편들을 하나하나 쏟아내자, 그녀의 몸은 마치 오랜 병마에 시달린 듯 기진맥진했지만, 마음속은 거짓말처럼 가벼워지는 것을 느꼈습니다. 그녀의 입술에서는

"제가, 제가 그동안 이 모든 게 다 제 탓인 줄 알았습니다. 제가 잘못해서, 제가 짐이 돼서... 그래서 저만 아프고 저만 힘들어야 한다고..."

하는 마지막 절규와 같은 고백이 흘러나왔습니다. 할머니의 떨리는 목소리에는 깊은 자책감과 함께, 이제야 비로소

진실을 깨달았다는 안도감이 서려 있었습니다.

프란치스코 신부님은 할머니의 모든 이야기를 묵묵히 들어주었습니다. 할머니가 눈물을 흘릴 때는 말없이 손수건을 건넸고, 목소리가 꺾일 때는 따뜻한 차를 내밀었습니다. 그는 결코 할머니의 말을 끊거나, 섣부른 조언을 하지 않았습니다. 그의 존재는 마치 모든 것을 품어주는 넓은 바다와 같았습니다. 할머니의 고통스러운 고백이 이어지는 동안, 그의 얼굴에는 깊은 공감과 함께 슬픔의 그림자가 스쳐 지나갔지만, 동시에 무한한 이해와 포용의 빛이 감돌았습니다. 할머니의 말을 경청하는 그의 눈빛은 흔들림이 없었고 온 마음으로 할머니의 아픔을 함께 나누고 있다는 것을 분명히 느낄 수 있었습니다.

할머니의 고백이 멎자, 방 안에는 묵직한 침묵이 흘렀습니다. 길고 깊었던 이야기가 끝나고 남은 것은 숨죽인 고요함뿐이었습니다. 신부님은 여전히 할머니의 쭈글쭈글한 손을 자신의 따뜻한 손으로 감싸고 있었습니다. 그러고는 할머니의 눈을 깊이 들여다보며, 가장 나지막하고 진심이 담긴 목소리로 말을 건넸습니다. 그 말은 강한 설교도, 번지르르한 위로의 말도 아니었습니다. 오직 몇 마디, 짧지만 그 어떤 것보다 강력한 울림을 가진 문장이었습니다.

"할머니, 괜찮습니다. 할머니의 잘못이 아닙니다. 할머니는 그저 아팠을 뿐이에요. 그리고 그 아픔을 누구보다 잘 견뎌오셨습니다. 정말 고생 많으셨습니다."

그 순간, 사랑 할머니의 얼어붙었던 심장이 녹아내리는 듯한 뜨거움을 느꼈습니다. '잘못이 아니다, 그저 아팠을 뿐이다, 고생 많으셨다….' 수십 년간 자신을 죄인처럼 묶어두었던 감옥의 빗장이 풀리는 듯한 충격과 해방감이 그녀를 휩쓸었습니다. 자신이 겪은 모든 불행과 고통이 '내 잘못' 때문이라고 스스로를 단죄하며 살아왔던 그녀였습니다. 남편의 외면도, 자식들의 무관심도 모두 자신이 몸이 불편해져 '짐'이 되었기 때문이라고 믿었습니다. 그런데 지금, 생면부지의 이 신부님은 그 모든 것을 단숨에 부정하고, 그녀가 단지 '아팠을 뿐'이라고, 그리고 그 아픔을 '잘 견뎌냈다.'고 말해주고 있었습니다.

할머니는 다시 눈물을 쏟아냈습니다. 이번에는 슬픔이나 후회의 눈물이 아니었습니다. 그것은 억울함이 풀리고, 오랫동안 외면했던 자신을 비로소 용서하게 되는 치유의 눈물이었습니다. 자신을 질책하고 미워했던 시간이 너무도 길었습니다. 그동안 누구에게도 들어보지 못했던, 진심 어린 위로와 용서의 말이었습니다. 신부님의 그 한마디는 할머니의 영혼 깊은 곳까지 스며들어, 마치 어두운 동굴 속을 비추는 한 줄기 빛처럼 그녀의 어둠을 걷어냈습니다. 그녀는 비로소 자신이 스스로에게 내렸던 가혹한 판결로부터 해방되는 것을 느꼈습니다.

신부님은 할머니를 따뜻하게 안아주었습니다. 그의 품은 넓고 단단했으며, 거기에는 어떤 계산이나 불편함도 느껴지지 않았습니다. 오랫동안 느껴보지 못했던 따뜻한 사람의 온기가 할머니의 굳은 몸에 스며들었고, 그녀는 그 품 안에서 마치 엄마의 품에 안긴 아이처럼 서럽게 울음을 터뜨렸습니다. 그 눈물은 그녀가 지난 세월 동안 흘리지 못했던, 아픔과 한이 응축된 눈물이었습니다. 신부님은 그녀의 등을 조용히 토닥이며, 그 울음이 충분히 터져 나올 수 있도록 묵묵히 함께했습니다. 모든 울음이 터져 나오고 나서야, 할머니의 어깨를 짓누르던 무거운 짐이 사라진 듯 그녀의 몸이 한결 가벼워진 것을 느꼈습니다.

이 순간, 사랑 할머니는 자신이 혼자가 아니라는 것을 다시 한번 온몸으로 깨달았습니다. 그녀를 판단하거나 비난하지 않고, 그저 있는 그대로의 아픔을 받아들이고 위로해주는 이 진심 어린 공감이, 지난 수십 년간 그녀를 짓눌렀던 절망과 고통에서 벗어날 수 있는 힘을 주었습니다. 그녀의 마음속에 쌓여 있던 얼음벽은 완전히 녹아내렸고, 그 자리에는 따뜻한 온기와 함께 새로운 삶에 대한 작은 기대감이 피어올랐습니다. 프란치스코 신부님은 그녀에게 새로운 생명을 불어넣어 준 것이나 다름없었습니다. 그는 진정 '내 아픔을 안아준 신부님'이었습니다. 그녀는 이제 더 이상 과거의 그림자에 갇혀 살아가지 않아도 될 것이라는 희망을 품게 되었습니다. 진정한 치유는 이렇게 시작되었습니다.

8. 절망에서 피어나는 할머니의 변화

과거의 아픔에서 벗어나기 시작

프란치스코 신부님의 진심 어린 위로는 사랑 할머니의 삶에 너무나도 중요한 분기점이 되었습니다. '할머니의 잘못이 아닙니다. 할머니는 그저 아팠을 뿐이에요.' 이 한마디는 지난 수십 년간 그녀를 옥죄었던 죄책감과 자기 비하의 사슬을 끊어버렸습니다. 그녀는 울음을 멈춘 후에도 신부님의 품 안에서 한참을 그렇게 안겨 있었습니다. 온몸의 힘이 쭉 빠져나간 듯했지만, 그 후련함은 지난 세월의 그 어떤 편안함과도 비교할 수 없는 것이었습니다. 마치 무거운 바위를 지고 살아온 이가 그 짐을 비로소 내려놓은 듯, 그녀의 영혼은 한결 가벼워진 것을 느꼈습니다.

그날 이후, 사랑 할머니의 내면에는 놀라운 변화가 찾아왔습니다. 더 이상 밤마다 과거의 악몽에 시달리지 않았습니다. 남편의 싸늘한 등이나 자식들의 두심한 시선이 생생하게 떠오르지 않았습니다. 물론 아픔이 완전히 사라진 것은 아니었지만, 그녀의 뇌리를 스치는 그 기억들은 이제 더 이상 그녀를 파고드는 칼날이 아니었습니다. '그것은 나의 잘못이 아니었다'는 신부님의 말은 강력한 치유의 주문이 되어, 그녀를 짓누르던 감정의 무게를 덜어주었습니다. 할머니는 그동안 자신을 세상의 피해자로만 여기며 억울해하고 분노했지만, 이제는 그 감정들을 한 발짝 떨어져 바라볼 수 있게 되었습니다.

일상의 작은 부분에서도 변화는 확연했습니다. 그녀의 반지하 방은 여전히 같은 모습이었지만, 할머니의 시선은 달라졌습니다. 벽에 피어난 곰팡이 반점들은 더 이상 그녀의 절망을 상징하지 않았고, 창문으로 비치는 흐릿한 바깥 풍경도 이제는 차가운 단절이 아닌, 언젠가 자신이 나아갈 세상의 일부로 느껴졌습니다. 그녀는 잠에서 깨어나면 가장 먼저 창문을 열어 환기를 시키기 시작했습니다. 습기 섞인 퀴퀴한 냄새 대신, 바깥의 신선한 공기가 방 안을 채우게 하고 싶었습니다. 스스로 몸을 씻고, 낡은 옷 대신 깨끗하고 단정한 옷을 찾아 입는 등, 자신을 돌보는 작은 노력들을 시작했습니다. 예전에는 의미 없이 느껴졌던 이 모든 행동이 이제는 자신을 위한 소중한 의식처럼 느껴졌습니다. '나도 돌봄을 받을 자격이 있는 소중한 사람이다'라는 인식이 무의식 속에 자리 잡기 시작한 것입니다.

프란치스코 신부님의 방문은 여전히 그녀에게 가장 기다려지는 시간이었습니다. 하지만 이제 할머니는 더 이상 말없이 그의 선물을 받아들이지 않았습니다.

"신부님, 오늘은 왜 이렇게 늦게 오셨어요? 혹시 힘든 일 있으세요?" 하고 먼저 말을 건네기도 하고, 신부님이 가져다 준 빵의 맛에 대해 품평을 하기도 했습니다. 가끔은 신부님이 힘든 기색을 보일 때면, 걱정 어린 눈빛으로

"신부님도 너무 무리하지 마세요."라고 조용히 위로의 말을 건네기도 했습니다. 그의 헌신에 대한 감사를 이제는 자신도 돌려줄 수 있음을 깨달은 것입니다.

'나눔의 집'에서의 시간도 이전과는 비교할 수 없을 정도로 적극적이게 변했습니다. 처음에는 그저 앉아서 듣기만 하던 그녀였지만, 이제는 다른 어르신들과 함께 식사를 하며 담소를 나누고, 오후 활동 시간에 참여하는 일도 망설이지 않았습니다. 특히 자신처럼 휠체어를 이용하는 젊은이들을 만나면, 그녀의 지난 경험을 이야기해주며

"좌절하지 마라. 몸이 불편하다고 마음까지 아플 필요는 없다."

하고 진심 어린 조언을 건네기도 했습니다. 그녀의 입가에는 어느새 희미한 미소가 떠오르는 일이 잦아졌습니다. 그 미소는 수십 년 만에 찾아온, 꾸밈없고 순수한 행복에서 비롯된 것이었습니다.

사랑 할머니는 이제 더 이상 자신의 존재를 '짐'이라 여기지 않았습니다. 오히려 '나눔의 집'의 다른 어르신들에게 작은 위로와 희망을 줄 수 있는 존재라는 것을 깨달았습니다. 그녀의 오랜 경험과 고통은 이제 고통스러운 상처가 아니라, 다른 이들의 아픔을 이해하고 보듬어 줄 수 있는 귀한 자산이 되었습니다. 그녀는 자신이 버려진 존재가 아님을, 세상 어딘가에는 여전히 자신을 소중히 여기는 사람들이 존재한다는 것을 온몸으로 느끼게 되었습니다. 과거의 그림자는 점차 희미해지고, 그 자리에는 새롭게 피어나는 희망의 빛이 가득 채워지기 시작했습니다. 육체의 자유는 없었지만, 마음의 자유를 찾은 할머니는 비로소 '살아있는' 진정한 기쁨을 알아가고 있었습니다. 절망이라는 오랜 터널을 지나 비로소 새로운 삶의 문이 열리고 있었습니다.

'나눔의 집' 참여로 활력 되찾음

　프란치스코 신부님의 진심 어린 위로를 통해 과거의 아픔에서 해방되기 시작한 사랑 할머니는 이제 '나눔의 집'을 단순한 보호 시설이 아닌, 자신의 '새로운 삶의 터전'으로 여기기 시작했습니다. 그녀는 매일 아침 '나눔의 집'으로 향하는 발걸음을 재촉했습니다. 물론 휠체어에 몸을 싣고 가는 길이었지만, 그녀의 마음은 날개라도 단 듯 가벼웠습니다. 반지하방에서 홀로 보내던 무의미한 시간은 더 이상 존재하지 않았습니다. 그녀의 하루는 '나눔의 집'에서 만나는 사람들과의 교감, 그리고 다채로운 활동들로 채워지기 시작했습니다.
　식사 시간은 이제 그녀에게 가장 즐거운 시간이었습니다. 삐걱거리는 수저 소리와 고요한 침묵이 가득했던 그녀의 식탁은 온데간데없고, '나눔의 집' 식당은 사람들로 북적이는 활기찬 공간이었습니다. 따뜻한 밥과 함께 나누는 사람들의 이야기는 그 어떤 산해진미보다도 달콤했습니다. 처음에는 어색하고 낯설어 멀찍이 앉아 있던 할머니였지만, 이제는 자청해서 테이블 가운데에 앉아 사람들의 대화에 귀 기울였습니다. 가끔은 자신의 경험을 보태어 옛 이야기를 들려주기도 했는데, 그럴 때마다 사람들은 호기심 어린 눈으로 할머니의 이야기에 집중했습니다. 과거의 이야기를 꺼내는 것이 아프고 고통스러운 일이었던 할머니에게, 자신의 이야기를 경청하고 공감해주는 이들의 존재는 치유 그 자체였습니다.

식사를 마치고 나면 본격적인 '나눔의 집' 활동이 시작되었습니다. 프란치스코 신부님은 단순한 프로그램이 아니라, 각자의 재능과 흥미를 살릴 수 있는 맞춤형 활동을 제공했습니다. 사랑 할머니는 처음에는 그저 다른 이들이 활동하는 모습을 조용히 지켜만 보았습니다. 돋보기를 쓰고 시집을 읽는 할머니, 색연필을 든 손으로 그림을 그리는 할아버지, 휠체어에 앉아 손뜨개질에 열중하는 아주머니 등 모두가 저마다의 방식으로 활력을 뿜어내고 있었습니다. 할머니는 그들의 모습에서 오랜만에 '살아있음'의 즐거움을 느꼈습니다.

어느 날, 신부님이 할머니에게 작은 뜨개질바늘과 실을 건넸습니다.

"할머니, 손재주가 좋으시다고 들었어요. 따뜻한 목도리를 떠보는 건 어떠세요? 나중에 저희 '나눔의 집'에 오시는 새 식구들에게 선물하면 어떨까 해서요."

할머니는 처음에는 망설였습니다. 자신의 굳은 손으로 과연 무엇을 할 수 있을까 하는 의심이 앞섰습니다. 그러나 신부님의 진심 어린 격려와 다른 어르신들의

"할 수 있어!",

"할머니, 정말 잘하실 거예요!"

하는 응원에 힘입어 조심스럽게 바늘을 들었습니다. 처음에는 손가락이 맘처럼 움직이지 않아 답답하고 서툴렀지만, 신부님과 옆자리 어르신들의 도움을 받으며 한 코 한 코 뜨기 시작했습니다. 실이 바늘 사이를 오가며 서서히 모양을 만들어가는 것을 보며, 할머니의 얼굴에는 오랜만에 '집중'과 '성취감'이 주는 환한 미소가 피어났습니다.

뜨개질 외에도 할머니는 '나눔의 집'의 다양한 활동에 적극적으로 참여했습니다. 점심 식사 후에는 다른 어르신들과 함께 작은 텃밭에 나가 작물을 가꾸기도 했습니다. 휠체어에 앉아 물뿌리개로 채소에 물을 주고, 부드러운 흙을 만지는 동안 할머니는 자연의 생명력을 온몸으로 느끼며 마음의 평온을 찾았습니다. 노래를 부르는 시간에는 비록 목소리가 떨리고 음정이 정확하지는 않아도, 다른 이들과 함께 목청껏

노래를 불렀습니다. 그 순간만큼은 그녀가 '장애인'이라는 사실을 잊고, 그저 함께 어우러지는 '한 사람'으로서 온전히 즐거움을 누렸습니다.

이러한 적극적인 참여는 사랑 할머니의 몸과 마음 모두에 긍정적인 영향을 미쳤습니다. 매일 '나눔의 집'에 오고 가는 동안 휠체어를 직접 밀고 움직이는 활동이 늘어나면서, 그녀의 상체 근력은 눈에 띄게 좋아졌습니다. 예전에는 다른 사람의 도움이 없으면 화장실 가는 것조차 어려워했던 그녀였지만, 이제는 스스로 휠체어를 이용해 제법 자유롭게 움직일 수 있게 되었습니다. 닫혀 있던 마음이 열리고, 사람들과 활발히 교류하면서 그녀의 얼굴에서는 그늘이 걷히고 점차 화색이 돌았습니다. 창백했던 피부는 생기를 되찾았고, 메말랐던 눈빛에는 다시금 총기가 돌았습니다. 무엇보다 중요한 것은 그녀의 얼굴에 '웃음'이 돌아왔다는 것이었습니다. 이전에는 찾아보기 힘들었던 환하고 따뜻한 미소가 그녀의 얼굴에 만개했습니다. 이 웃음은 다른 '나눔의 집' 사람들에게도 전염되어, 함께 웃고 행복해하는 활기 넘치는 분위기를 만들어 냈습니다.

사랑 할머니는 이제 더 이상 반지하 방에 갇혀 절망 속에서 과거의 아픔을 되새기는 외로운 존재가 아니었습니다. 그녀는 '나눔의 집'이라는 울타리 안에서 다시금 자신의 존재

가치를 발견하고, 타인과 소통하며, 살아있는 즐거움을 만끽하는 한 명의 당당한 개인이 되었습니다. 프란치스코 신부님과 '나눔의 집' 공동체는 그녀에게 단순한 활력을 넘어, 잊고 지냈던 '삶' 그 자체를 선물했습니다.

얼굴에 피어난 온화한 미소와 희망

　'나눔의 집'에서의 날들이 쌓여가면서 사랑 할머니의 변화는 더 이상 그녀 혼자만의 것이 아니었습니다. 그녀를 오랫동안 알고 지냈던 이웃들은 물론, 처음 만나는 사람들도 그녀에게서 흘러나오는 특별한 에너지를 감지할 수 있었습니다. 그 변화의 가장 큰 특징은 바로 그녀의 얼굴에서 피어난 '미소'였습니다. 지난 수십 년간 고통과 체념, 그리고 불신으로 굳어졌던 할머니의 얼굴은 마치 오랜 겨울을 이겨낸 땅이 봄 햇살에 녹아내리듯 서서히 부드러워졌습니다. 이제 그녀의 입가에는 옅은 미소가 떠나지 않았고, 메말랐던 눈빛에는 다시금 총기와 따뜻한 빛이 돌기 시작했습니다.

　그녀의 미소는 단순한 표정의 변화가 아니었습니다. 그것은 삶의 고통을 겪어낸 깊은 내면에서 우러나오는, 온화함과 함께 연륜이 담긴 미소였습니다. 때로는 다른 어르신의 이야기에 공감하며 잔잔하게 지어 보이던 미소였고, 때로는 아이들의 재롱에 파안대소하며 터져 나오는 환한 웃음이었습니다. 그녀의 얼굴에 새겨진 깊은 주름들은 더 이상 슬픔의 흔적이 아니라, 삶의 파고를 넘어선 지혜와 따뜻함을 담은 곡선처럼 보였습니다. '나눔의 집'을 처음 찾았던 사랑 할머니의 모습은 찾아볼 수 없었습니다. 대신 그 자리에는 타인의 아픔을 포용할 줄 아는 온화한 눈빛과, 스스로의 삶을 사랑할 줄 아는 품격 있는 모습이 자리 잡았습니다.

몸의 변화도 눈에 띄게 나타났습니다. '나눔의 집' 활동에 적극적으로 참여하고, 다른 이들과 교류하면서 그녀는 매일매일 스스로를 돌보는 일에 더 신경 쓰게 되었습니다. 어깨는 더 이상 움츠러들지 않았고, 고통에 찌들었던 몸은 한결 편안해 보였습니다. 휠체어를 다루는 솜씨도 훨씬 능숙해졌고, 직접 휠체어를 밀고 '나눔의 집' 구석구석을 누비는 모습은 그녀의 활기찬 에너지를 대변했습니다. 매일 아침 거울 앞에 앉아 빗으로 머리를 단정하게 빗어 넘기고, 때로는 다른 어르신에게 받은 손거울을 보며 살짝 미소 짓는 그녀의 모습에서, 할머니는 스스로에게 다시 한번 관심을 기울이고 있었음이 분명했습니다.

이러한 할머니의 변화는 주변 사람들에게도 큰 영향을 미쳤습니다. '나눔의 집'의 다른 어르신들은 "사랑 할머니 얼굴이 꽃처럼 피어난다"며 진심으로 기뻐했습니다. 그녀의 활기찬 모습은 다른 이들에게도 긍정적인 영향을 미쳐, '나눔의 집' 전체의 분위기를 더욱 밝고 활기차게 만들었습니다. 특히 프란치스코 신부님은 할머니의 변화를 누구보다 가까이에서 지켜보며 남몰래 기뻐했습니다. 그의 눈에 비친 사랑 할머니는 단순한 도움이 필요한 어르신이 아니라, 스스로 희망을 찾고 다른 이들에게도 희망을 전달하는 아름다운 존재로 거듭나고 있었습니다.

할머니는 이제 더 이상 과거의 그림자에 갇혀 살지 않았습니다. 그녀는 자신의 삶에 새로운 의미를 부여하기 시작했습니다. '나눔의 집'에서 가장 어린 아이들에게 옛날이야기를 들려주는 역할을 자처하기도 했습니다. 그녀의 목소리는 이제 더 이상 떨리지 않았고, 이야기에 따라 유머와 감동을 능숙하게 조절하며 아이들의 눈빛을 초롱초롱 빛나게 했습니다. 또한, 새롭게 '나눔의 집'을 찾은 이들에게 먼저 다가가 따뜻한 차 한 잔을 건네며 환영 인사를 건네기도 했습니다. 그녀는 그들에게

"저도 처음에는 이곳에 오는 것이 두려웠어요. 하지만 이곳은 따뜻한 곳입니다. 혼자 아파하지 마세요."

라며 자신의 경험을 나누는 데 주저함이 없었습니다. 그녀의 한 마디 한 마디에는 지난 고통을 극복해낸 깊은 이해와 공감이 담겨 있어, 다른 이들에게 큰 위로와 용기를 주었습니다.

사랑 할머니의 변화는 육체적, 정신적인 고통 속에서도 인간의 영혼이 얼마나 강인하게 희망을 찾아 나설 수 있는지를 보여주는 산증인이었습니다. 그녀는 비록 휠체어에 몸은 묶여 있었지만, 마음만은 누구보다 자유롭고 평화로워 보였습니다. 과거의 아픔을 통해 얻은 깊은 성찰과, 프란치스코 신부님과 '나눔의 집' 공동체가 전해준 조건 없는 사랑 속에서, 그녀는 절망의 잿더미 위에서 다시금 희망이라는 꽃을 활짝 피워냈습니다. 그녀의 얼굴에 피어난 온화한 미소와 눈빛에 가득 담긴 희망은, '내 아픔을 안아주신 신부님'이 선사한 가장 아름답고 위대한 기적의 증거였습니다.

9. 진정한 사랑의 메시지

신부님의 헌신과 깊은 이해, 포용

프란치스코 신부님은 사랑 할머니와 '나눔의 집'의 모든 이들에게 단순한 성직자가 아니었습니다. 그는 따뜻한 손길로 상처를 어루만지고, 묵묵한 귀로 아픔을 경청하며, 모든 것을 감싸 안는 넓은 품으로 절망에 빠진 영혼들을 일으켜 세웠습니다. 그의 삶은 오직 소외된 이들을 향한 '헌신' 그 자체였습니다. 신부님은 자신의 안락함을 포기하고 가장 낮은 곳으로 기꺼이 내려왔습니다. 그의 옷은 언제나 흙먼지와 기름때로 얼룩져 있었고, 그의 손은 연장을 잡거나 텃밭을 가꾼 흔적으로 거칠었습니다. 그의 삶에는 거창한 설교나 화려한 제의보다는, 낡은 휠체어를 고치고, 따뜻한 밥 한 끼를 직접 지어 나르며, 병들고 지친 이들의 곁을 지키는 묵묵한 봉사가 가득했습니다.

　이러한 신부님의 헌신은 대가를 바라지 않는 순수한 사랑에서 우러나왔습니다. 그는 누구에게도 칭찬받거나 인정받기를 기대하지 않았습니다. 오직 도움이 필요한 이들의 눈물을 닦아주고, 그들의 메마른 입가에 작은 미소를 찾아주는 것만으로도 충분하다는 듯, 한결같은 마음으로 자신의 자리를 지켰습니다. 한밤중에 급히 환자를 병원으로 옮겨야 할 때, 혹은 폭설이 내려 길이 막힌 외딴집에 연탄을 날라야 할 때, 그는 단 한 번도 망설이지 않았습니다. 그의 개인적인 시간과 휴식은 늘 뒤로 밀려났지만, 그는 그것을 기꺼이 감수했습니다. 그의 모든 행동은 '이웃을 내 몸처럼 사랑하라'는 예수님의 가르침을 말로만이 아닌, 온몸으로 실천하는 살아있는 증거였습니다.

　프란치스코 신부님의 가장 큰 미덕 중 하나는 바로 '깊은 이해'였습니다. 그는 사람들이 입 밖에 내지 못하는 내면의 고통을, 그들의 눈빛과 침묵 속에서 읽어낼 줄 알았습니다. 사랑 할머니가 휠체어 바퀴 고장으로 무력감에 휩싸였을 때, 그는 단순히 기술적인 문제만을 해결하려 하지 않았습니다. 그는 할머니의 경계심 뒤에 숨겨진 깊은 상처와 세상에 대한 불신을 감지했고, 섣부른 조언이나 가르침 대신, 묵묵히 곁에 있어 주는 '존재만으로 위로'하는 길을 택했습니다. 할머니가 수십 년 억눌렀던 아픔을 토로했을 때, 신부님은 과거의 불행이 할머니의 '잘못'이 아니라 '고통'이었음을 명확히 짚어주었습니다. 이 이해는 단순히 상황을 파악하는 것을 넘어, 한 인간의 영혼 깊숙한 곳까지 헤아려주는 공감의 능력이었습니다.

그는 '나눔의 집'의 모든 구성원이 각기 다른 아픔과 사연을 가지고 있음을 알고 있었습니다. 어떤 이는 가족에게 버림받았고, 어떤 이는 병으로 인해 사회와 간절되었으며, 또 어떤 이는 육체적 불편함으로 인해 평생 차가운 시선 속에서 살아야 했습니다. 신부님은 그들의 아픔을 비교하거나 우열을 가리지 않았습니다. 각자의 자리에서 홀로 감당해야 했던 고통의 무게를 존중하고, 그 모든 것을 기꺼이 받아들였습니다. 그의 이러한 이해는 모든 이들이 스스로의 존엄성을 되찾을 수 있는 중요한 기반이 되었습니다.

그리고 신부님의 사랑은 '무한한 포용'으로 빛났습니다. '나눔의 집'은 신부님의 품처럼 모든 이를 품었습니다. 그곳에는 어떤 종교적 배경도, 사회적 지위도, 신체적 조건도 차별의 대상이 되지 않았습니다. 모든 존재는 그 자체로 존중받아야 할 가치가 있다는 그의 굳건한 믿음이 '나눔의 집'을 지탱하는 근간이었습니다. 그는 '나눔의 집'을 찾아온 이들이 있는 그대로의 모습으로 인정받고, 사랑받는 경험을 통해 다시 살아갈 힘을 얻기를 바랐습니다. 팔이 불편한 이가 그림을 그리겠다고 하면 팔걸이를 직접 만들어 주었고, 앞을 보지 못하는 이가 시를 쓰고 싶어 하면 밤새 그들의 이야기를 받아 적어주었습니다. 어르신들이 실수해도 너그러이 웃어넘기고, 다툼이 생기면 언제나 양쪽의 이야기를 경청하며 현명하게 해결했습니다.

신부님의 이와 같은 헌신, 깊은 이해, 그리고 무한한 포용은 '나눔의 집'을 단순한 물리적 공간이 아닌, 하나의 살아 숨 쉬는 '공동체'로 만들었습니다. 사랑 할머니가 그랬듯이, 이곳을 찾은 많은 이들은 신부님의 이러한 사랑 속에서 자신이 더 이상 혼자가 아님을 깨달았고, 과거의 상처를 치유하며 새로운 삶의 희망을 발견했습니다. 그의 존재는 절망의 그림자 속에 갇혀 있던 이들에게 따뜻한 빛이 되었고, 세상의 냉대로 얼어붙었던 마음에 사랑의 불씨를 지펴주었습니다. 프란치스코 신부님은 바로 이웃 사랑의 실천을 통해, 진정한 '기적'이 무엇인지를 보여주었습니다. 그것은 눈에 보이는 큰 기적이 아니라, 매일매일의 헌신과 이해, 포용 속에서 일궈지는 한 영혼의 회복과 새로운 삶의 시작이었습니다.

상처 입은 영혼들의 공동체적 치유

프란치스코 신부님의 헌신과 깊은 이해, 그리고 무한한 포용은 '나눔의 집'을 단순한 보호 시설이 아닌, 상처 입은 영혼들이 서로를 안아주고 치유하는 진정한 공동체로 만들었습니다. 이곳에는 사랑 할머니처럼 젊은 시절 불의의 사고로 장애를 얻은 이부터, 오랜 병마와 싸우다 홀로 남겨진 노인, 자식들에게 외면당한 부모, 사회의 냉대에 지쳐버린 이들까지, 각자의 가슴속에 깊은 아픔과 상처를 지닌 채 살아왔던 이들이 모여들었습니다. 그들은 세상으로부터 '버려진 존재'라고 스스로를 낙인찍으며 고통 속에서 홀로 고립되어 있었지만, '나눔의 집'에서 서로를 만나면서 비로소 자신만이 아픈 것이 아니라는 것을 깨달았습니다.

'나눔의 집'에서의 치유는 외부에서 주입되는 방식이 아니었습니다. 프란치스코 신부님은 그저 그들이 서로에게 치유자가 될 수 있는 환경을 만들어주었고, 그 안에서 자연스럽게 서로를 보듬는 과정이 펼쳐졌습니다. 팔다리가 불편해 휠체어에 의지해야 하는 '강 할아버지'는 시력이 좋지 않은 '박 할머니'의 '눈'이 되어 주었습니다. 강 할아버지는 식사를 할 때마다 박 할머니의 식판에 반찬을 덜어주며 "할머니, 여기 시금치 맛있어요. 더 드세요." 하고 살뜰히 챙겼고, 텃밭에 나갈 때는 박 할머니의 손을 잡고 풀뿌리 하나하나를 설명해 주었습니다. 박 할머니는 강 할아버지가 답답해할 때면 흥겨운 옛 노래를 불러주거나, 재미있는 옛날이야기를 들려주며 그의 마음을 즐겁게 해주었습니다.

서로의 부족함을 메꿔주는 이런 작은 행동들은 점차 그들의 삶 전체에 스며들었습니다. 거동이 불편한 이들을 위해서는 건강한 이들이 휠체어를 밀어주었고, 글을 읽지 못하는 이들을 위해 누군가는 신문 기사를 큰 소리로 읽어주었습니다. 손놀림이 서툰 이들을 위해서는 먼저 나서서 매듭을 묶어주거나, 그림 도구를 쥐여주고 함께 붓을 움직였습니다. 이들은 더 이상 자신의 부족함을 부끄러워하거나 숨기려 하지 않았습니다. 오히려 그 부족함이 서로에게 필요한 존재가 되는 이유가 되었습니다. 서로의 약점을 감싸주고, 강점을 북돋아 주는 과정에서, 그들은 잊고 지냈던 '자신이 여전히 누군가에게 필요한 존재'라는 귀한 가치를 되찾았습니다.

'나눔의 집'에서는 솔직한 감정의 교류가 활발하게 이루어졌습니다. 신부님은 매주 '마음 나누기 시간'을 마련했는데, 이 시간에는 각자가 힘들었던 이야기나, 반대로 소소하게 행복했던 순간들을 자유롭게 이야기할 수 있었습니다. 처음에는 자신의 아픔을 꺼내놓기 어려워하던 이들도, 다른 이들의 고통과 공감을 들으며 조금씩 마음을 열기 시작했습니다. "저도 가족이 절 떠났을 때 정말 죽고 싶었어요."라고 한 할머니가 울음을 터뜨리면, 다른 누군가가 조용히 다가와 손을 잡고 등을 토닥여 주었습니다. 그들은 각자가 겪었던 고립과 상실감, 좌절감을 공유하며 '아픔은 혼자만의 것이 아니다'라는 것을 깨달았습니다. 이러한 공동의 경험은 그들을 더욱 끈끈하게 묶어주는 연결고리가 되었습니다.

치유의 과정은 때로는 웃음으로, 때로는 눈물로 이어졌습니다. 작은 것에 감사하며 함께 웃고, 때로는 억울했던 지난날을 회상하며 함께 울었습니다. 이 모든 감정의 흐름은 그들이 살아있음을 증명하는 생생한 증거였고, 굳어있던 마음의 근육들을 풀어주는 소중한 과정이었습니다. 사랑 할머니도 이곳에서 자신의 아픔을 비로소 온전히 받아들일 수 있게 되었습니다. 그녀의 '죄책감'과 '자책'은 다른 이들의 따뜻한 공감과 신부님의 진심 어린 위로 속에서 '이해'와 '해방'으로 바뀌었습니다. 그녀는 더 이상 자신의 장애를 부끄러워하지 않았고, 과거의 불행을 자신의 탓으로 돌리지 않았습니다. 대신 그 경험을 통해 다른 이들의 아픔에 더욱 깊이 공감할 수 있는 존재로 거듭났습니다.

'나눔의 집'은 단순한 건물이 아니라, 그 안에 모인 모든 영혼들이 서로의 빛이 되어주고 그림자가 되어주는, 살아 숨쉬는 유기체와 같았습니다. 이곳에서 상처 입었던 영혼들은 더 이상 '소외된' 존재가 아니었습니다. 그들은 서로에게 가족이 되었고, 친구가 되었으며, 가장 든든한 지지자가 되었습니다. 그들의 웃음소리, 서로를 부르는 다정한 목소리, 함께 나누는 따뜻한 온기는 '나눔의 집'의 벽을 넘어 마을 전체에 따뜻한 사랑의 물결을 전파했습니다. 프란치스코 신부님의 비전은 이렇게 공동체적 치유를 통해 현실이 되었고, 이곳은 절망의 끝에서 희망을 발견하고, 사랑을 통해 삶의 의미를 되찾는 진정한 기적의 장소로 자리매김했습니다.

가장 낮은 곳에서 시작된 희망의 기록

　사랑 할머니의 삶, 그리고 '나눔의 집'에서 꽃피운 모든 이들의 변화는 기적이라 불릴 만한 것이었습니다. 한때는 차가운 반지하 방에 갇혀 절망 속에서 죽음을 기다리던 사랑 할머니는 이제 '나눔의 집'의 얼굴이 되었고, 그녀의 얼굴에는 온화한 미소와 함께 다시 살아갈 용기가 가득했습니다. 이 놀라운 변화의 중심에는 프란치스코 신부님의 지치지 않는 사랑과 헌신, 그리고 그가 만들어낸 '나눔의 집'이라는 작은 기적의 공간이 있었습니다.

　그의 모든 시작은 미약했습니다. 마을의 변두리, 잊혀진 폐교에서 시작된 작은 구상. 길가에 버려진 듯한 노파의 망가진 휠체어를 고쳐주는 단순한 행위. 그 어디에도 세상의 이목을 끌 만한 거창한 사건이나, 화려한 이적은 없었습니다. 그러나 신부님은 가장 낮은 곳에서부터 시작했습니다. 가장 작은 이웃의 아픔에 귀 기울이고, 그들의 가장 기본적인 필요를 채워주는 것부터 시작했습니다. 그는 이웃에게 버려지고, 사회로부터 소외되었으며, 가족에게조차 외면당한 이들을 외면하지 않았습니다. 오히려 그들을 찾아가 그들의 눈높이에 맞춰 무릎을 꿇고, 그들의 손을 잡았습니다. 그의 손은 따뜻했고, 그의 눈빛은 진심을 담고 있었습니다.

신부님은 '기적'이 하늘에서 뚝 떨어지는 것이 아님을 온몸으로 보여주었습니다. 진정한 기적은 매일매일의 헌신 속에서, 조건 없는 사랑 속에서 피어나는 것임을. 폐교를 보수하기 위해 직접 벽돌을 나르고, 먼지투성이 바닥을 쓸어내는 그의 투박한 손길에서, 어르신들의 식사를 준비하며 국물을 한 번 더 맛보고 간을 맞추는 그의 세심한 정성에서, 몸이 불편한 이들의 이야기를 묵묵히 경청하는 그의 인내심에서, 진정한 기적의 씨앗은 뿌려졌습니다. 그는 자신의 편의나 안락함 대신 이웃의 아픔을 먼저 보았고, 그 아픔을 함께 짊어지고자 했습니다. 그에게 봉사는 직업이 아니라, 영혼을 위한 삶의 방식 그 자체였습니다.

그의 이러한 헌신은 혼자만의 노력이 아니었습니다. 신부님의 진심은 메말랐던 마을 주민들의 마음을 움직였습니다.

이웃을 돕는 그의 모습을 보며, 각자 지니고 있던 재능과 온기를 꺼내 '나눔의 집'에 힘을 보태기 시작했습니다. 누군가는 전기를 고쳤고, 누군가는 낡은 마루를 손질했으며, 또 누군가는 따뜻한 식사를 대접하였습니다. 이곳은 단순히 신부의 프로젝트를 뛰어넘어, 마을 전체의 사랑과 나눔의 정신이 응축된, 살아 숨 쉬는 공동체가 되어갔습니다. '나눔의 집'은 서로의 아픔을 함께 나누고, 서로의 부족함을 채워주는 법을 배우는 사랑의 학교가 되었습니다.

사랑 할머니의 변화는 이러한 진정한 사랑의 메시지가 얼마나 강력한 치유의 힘을 가졌는지를 증명했습니다. 수십 년간 짊어졌던 죄책감과 고립감을 프란치스코 신부님의 "할머니 잘못이 아닙니다. 그저 아팠을 뿐입니다."라는 한 마디로 내려놓을 수 있었던 것은, 그 밑에 담긴 신부님의 깊은 이해와 무한한 포용 덕분이었습니다. 그녀는 더 이상 자신의 장애를 부끄러워하거나, 세상으로부터 숨지 않았습니다. 오히려 그 경험을 통해 다른 이들의 아픔에 공감하고, 그들에게 희망을 전하는 존재로 거듭났습니다. 그녀의 얼굴에 피어난 온화한 미소와 삶에 대한 희망은, 절망의 잿더미 위에서 다시 피어난 가장 아름다운 꽃이었습니다.

'내 아픔을 안아주신 신부님'은 단순한 한 사람의 이야기가 아닙니다. 그것은 진정한 사랑은 거창한 기적이나 화려한 설교에서 시작되는 것이 아니라, 가장 낮은 곳에서 소외된 이들의 손을 잡아주고, 그들의 존재를 있는 그대로 존중하며, 그들의 아픔을 진심으로 함께 나누는 작은 행위에서 시작된다는 것을 보여주는 감동적인 기록입니다.

신부님의 이러한 지극히 평범한 일상의 헌신은, 한 영혼의 삶을 완전히 변화시켰을 뿐만 아니라, 상처 입은 이들이 서로를 보듬어 진정한 공동체를 이루는 길을 열어 주었습니다. 이 이야기는 세상의 모든 사랑과 희망이, 언제나 가장 작은 곳에서, 가장 보잘것없이 여겨지는 이들의 손길 속에서 피어난다는 진실을 따뜻하게 속삭여 주고 있습니다. 이 기록은 오늘도 어디선가, 또 다른 희망의 불씨가 피어오르고 있음을 알려주는 영원한 메시지가 될 것입니다.